1から図面は描かないけれど Jw_cad を使う必要に迫られたときに役立つ本。

Obra Club 著

JN093917

本書をご購入・ご利用になる前に必ずお読みください

● 本書の内容は、執筆時点（2023年7月）の情報に基づいて制作されています。これ以降に製品、サービス、その他の情報の内容が変更されている可能性があります。また、ソフトウェアに関する記述も執筆時点の最新バージョンを基にしています。これ以降にソフトウェアがバージョンアップされ、本書の内容と異なる場合があります。

● 本書は、「Jw_cad」の解説書です。本書の利用に当たっては、「Jw_cad」がインストールされている必要があります。Jw_cadのインストール方法はp.12〜14を参照してください。

● 本書は、パソコンやWindows、インターネットの基本操作ができる方を対象としています。

● 本書は、Windows 10がインストールされたパソコンでJw_cadバージョン8.25a（以降「Jw_cadバージョン8」と表記）を使用して解説を行っています。そのため、ご使用のOSやソフトウェアのバージョンによって、画面や操作方法が本書と異なる場合がございます。

● 本書および付録CD-ROMは、Windows 10に対応しています。

● 本書で解説・収録しているソフトウェアの動作環境については、各ソフトウェアのWebサイト、マニュアル、ヘルプなどでご確認ください。なお、本書ではWindows 10でJw_cadバージョン8.25aを使用した環境で動作確認を行っております。これ以外の環境での動作は保証しておりません。

● 本書に記載された内容をはじめ、付録CD-ROMに収録された教材データ、プログラムなどを利用したことによるいかなる損害に対しても、データ提供者（開発元・販売元・作者など）、著作権者、ならびに株式会社エクスナレッジでは、一切の責任を負いかねます。個人の責任においてご使用ください。

● 本書に直接関係のない「このようなことがしたい」「このようなときはどうすればよいか」など特定の操作方法や問題解決方法、パソコンやWindowsの基本的な使い方、ご使用の環境固有の設定や機器に関するお問合せは受け付けておりません。本書の説明内容に関するご質問に限り、p.239のFAX質問シートにて受け付けております。

以上の注意事項をご承諾いただいたうえで本書をご利用ください。ご承諾いただけずお問合せをいただいても、株式会社エクスナレッジおよび著作権者はご対応いたしかねます。あらかじめご了承ください。

Jw_cadについて

Jw_cadは無料で使用できるフリーソフトです。そのため当社、著作権者、データの提供者（開発元・販売元）は一切の責任を負いかねます。個人の責任で使用してください。Jw_cadバージョン8.25aはWindows 10上で動作します。本書の内容についてはWindows 10での動作を確認しており、その操作画面を掲載しています。

◉ Jw_cadバージョン8.25aの動作環境

Jw_cadバージョン8.25aは以下のパソコン環境でのみ正常に動作します。

OS（基本ソフト）：上記に記載 ／内部メモリ容量：64MB以上 ／ハードディスクの使用時空き容量：5MB以上 ／ディスプレイ解像度：800×600以上 ／マウス：2ボタンタイプ（ホイールボタン付き3ボタンタイプを推奨）

・Jw_cadの付録CD-ROMへの収録と操作画面の本書への掲載につきましては、Jw_cadの著作権者である清水治郎氏と田中善文氏の許諾をいただいております。

・本書中に登場する会社名や商品、サービス名は、一般に各社の登録商標または商標です。本書では、®およびTMマークは表記を省略しております。

Special Thanks：清水 治郎 ＋ 田中 善文／カバー・本文デザイン：坂内 正景／編集協力：鈴木 健二（中央編集舎）／印刷：株式会社ルナテック

はじめに

　本書は、Jw_cadで1から図面をかく必要はなく、単に「CAD図面を開いて印刷したい」「図面内容を確認したい」「図面内容に指示を出す都合上、Jw_cadの概要を把握しておきたい」「ちょっとした修正をしたい」「図面の一部を流用したい」という目的などでJw_cadを使おうとされる方に向けたJw_cadの入門書です。

　このような目的の方にとって、線をかくなどの基本操作から始める一般的な入門書は回り道に感じることでしょう。また、CAD図面を開いてその一部の距離を測定するだけであっても、開く図面によっては、入門書では通常扱っていないJw_cad特有の概念や操作を知らないと正しい答えが得られない場合もあります。CADで1から図面をかくことよりも、CAD図面を開いて、測定や加工、あるいは修正することのほうが、場合によってはより多くのCADの知識を必要とします。

　本書は、「図面を見る・印刷する・保存する」「他のCADとファイルの受け渡しをする」「図面の一部または全体を変更する」などの目的別の8つの章と、実務上で起こり得る困った状況への対処方法を説明した章「こんなときはどうする？　困ったときの対処方法」で構成されています。なるべく回り道をすることなく、必要な知識を得て目的を達成できるよう、各単元冒頭に目安となる以下のマークを記しています。

★★★　Jw_cadを触るうえで、最低限、覚えておくべき必読項目

★★☆　Jw_cadで開いた図面に手を加えるのであれば、確実に知っておくべき項目

★☆☆　各自の目的に応じて利用する項目

　これらを目安に、ご自身にとって必要な知識を効率よく習得していただければと思います。

　なお、CADの操作経験のある方は読むだけで理解できるかもしれませんが、より理解しやすいよう、本書付録のCD-ROMに、実際の操作を体験するための教材データを収録しています。必要に応じてご利用ください。

　本書がJw_cadを理解し、活用するための一助になれば幸いです。

Obra Club

CONTENTS

4

第4章　図面を加工するための基礎知識　81

第5章　図面に線や図形を加筆する　105

第9章 「こんなときはどうする?」困ったときの対処方法 209

本書の表記と凡例

マウス操作の表記

Jw_cadは、マウスの左右ボタンの使い分けやボタンを押したままマウスを移動する「ドラッグ操作」に特徴があります。マウスからの指示を下記のように表記します。

クリック

🖱 クリック ：左ボタンをクリック

🖱 右クリック ：右ボタンをクリック

ダブルクリック

🖱🖱 ダブルクリック ：左ボタンを続けて2回クリック

🖱🖱 右ダブルクリック：右ボタンを続けて2回クリック

ドラッグ

ドラッグ操作により、押すボタンとマウスを移動する方向を組み合わせて、以下のように表記します。

🖱↘ 両ドラッグ：左右両方のボタンを押したまま右下方向にマウスを移動

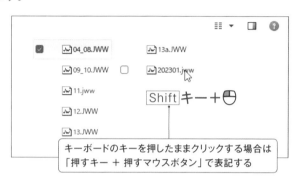

キーボードのキーを押したままクリックする場合は「押すキー ＋ 押すマウスボタン」で表記する

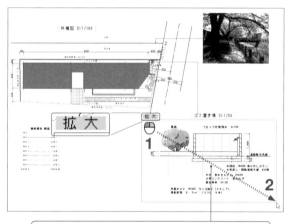

画面では、ドラッグの開始位置に、押すマウスボタンとそこからのドラッグの終了位置までの……▶を表記します

キーボード入力操作の表記

数値入力ボックスへの入力

入力する数値や文字に「　」を付けて表記します。寸法・角度などの数値や文字を入力するには、入力ボックスをクリックし、入力状態にしたうえで、キーボードから入力します。Jw_cadでは原則として、数値入力後の Enter キーは押しません。

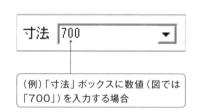

（例）「寸法」ボックスに数値（図では「700」）を入力する場合

キーボードの特定のキーを押す

キーの名称を　　　　で囲んで表記します。

項目の必読度を以下の記号を記載して示す
★★★ Jw_cadを触るうえで最低限覚えて
　　　おくべき必読項目
★★☆ Jw_cadで開いた図面に手を加える
　　　のであれば確実に知っておくべき項目
★☆☆ 各自の目的に応じて利用する項目

「5」フォルダー
「30_31.jww」

30
★★☆

作図済みの図や文字を 円・楕円で囲む

「○」(円弧)コマンドによる囲み線の作図

円・楕円や円弧・楕円弧は「○」(円弧)コマンドで作図します。
「○」(円弧)コマンドでは、コントロールバーで「円弧」や「扁平率」を指定することで、円・円弧や楕円・楕円弧を作図できます。

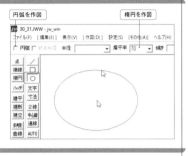

教材データが用意されている項目には「教材データの収録フォルダー名とファイル名」を記載

1 中心点と円周上の位置を 指示して円を作図する

「ゴミ置き場S=1/50」の図全体を囲む円を作図しましょう。

1　何も作図されていない「F」レイヤを書込レイヤにし、書込線を「線色8・実線」にする。

関連操作を説明している参照先を記載

何も作図されていないレイヤを書込レイヤにする ➡ p.106
書込線の指定 ➡ p.34

2　「○」(円弧)コマンドを🖰。

3　囲む図の中央付近で🖰。

POINT
3の位置を指示しなおす場合は、Escキーを押します。

覚えておきたい重要事項や注意点を記載

4　仮表示される円が作図したい円の大きさになった時点で🖰。

➡ 3の点を中心として、3～4距離を半径とする円が、書込線色・線種で書込レイヤに作図される。

前記の操作(図では手順4)の結果を記載

3を中心点とする円がマウスポインタまで仮表示される

円位置を指示してください (L)free (R)Read　　r＝2,850.323

仮表示されている円の半径がステータスバーに表示される

HINT 半径を指示して円を作図する

コントロールバー「半径」ボックスに半径(実寸mm単位)を入力することで、指定半径の円を作図します。

1　「○」(円弧)コマンドでコントロールバー「半径」ボックスに「2800」を入力する。

➡ マウスポインタに中心を合わせ、半径2800mmの円が仮表示される。

関連事項や応用操作を記載

POINT
仮表示の円に対するマウスポインタの位置を「基点」と呼びます。コントロールバーの基点「中・中」ボタンを🖰するたびに、基点は右図の9カ所に切り替わります。

2　作図位置として、図が円に収まる位置で🖰。

➡ 2の点を中心点とした半径2800mmの円が作図される。

仮表示の円に対するマウスポインタの位置を指定

円位置を指示してください (L)free (R)Read　　r＝2,800.000

半径2800mmの円が仮表示

? こんなときはどうする？
▶ コピーしたはずの線や円(p.123の5で選択色の要素)が貼り付けられない ➡ p.226

説明どおりの操作を行ったのに異なる結果になった場合の、考えられる原因と対処方法を説明している参照先を記載

付録CD-ROMについて

付録CD-ROM使用上の注意

本書の付録CD-ROMには、Jw_cad、教材データなどが収録されています。以下の事項をよくお読みになり、ご了承いただけた場合のみ付録CD-ROMをお使いいただけます。

- ●付録CD-ROMは、Windows 10で読み込み可能です。それ以外のOSでも使用できる場合がありますが、動作は保証しておりません。
- ●Jw_cadと教材データのインストール方法については、本書の**p.12~15**をご参照ください。
- ●使用しているコンピュータ、ハードウェア、ソフトウェア、ネットワークなどの環境によっては、動作条件を満たしていても動作しない、またはインストールできない場合があります。あらかじめご了承ください。
- ●収録されたデータを使用したことによるいかなる損害についても、当社ならびに著作権者、データの提供者（開発元・販売元）は、一切の責任を負いかねます。個人の責任においてご使用ください。
- ●本書の説明内容に関するご質問にかぎり、**p.239**に掲載した本書専用のFAX質問シートにて受け付けております（詳細は**p.239**をご覧ください）。なお、OSやパソコンの基本操作、記事に直接関係のない操作方法、ご使用の環境固有の設定や特定の機器向けの設定といった質問は受け付けておりません。

付録CD-ROMの収録内容

付録CD-ROMには、Jw_cadのインストーラーと、章ごとにフォルダー分けされた教材データが収録されています。

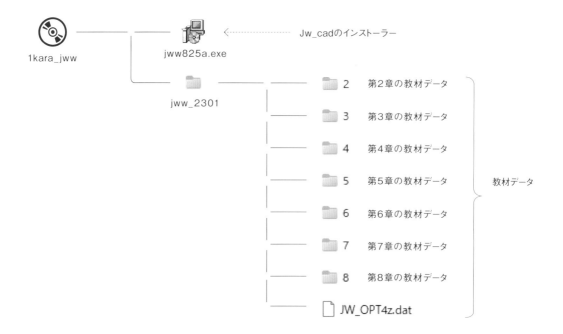

Jw_cadを使う準備

第1章では、本書で学習するすべて
の人に向けて、Jw_cadや教材データ
のインストールの仕方、Jw_cadの各
部名称、初心者用の基本設定にする
方法などを解説します。

01 Jw_cadと教材データを用意する

Jw_cadのインストールと教材データのコピー

付録CD-ROMには、Jw_cadバージョン8.25aと教材データが収録されています。それらをインストールしましょう。

すでにバージョン8.25a以降のJw_cadがインストールされている場合は、付録CD-ROMからのJw_cadのインストールは不要です。p.14の「2 教材データをコピーする」へ進んでください。

Jw_cadのバージョンの確認方法 ➡ p.75のHINT

Jw_cadをバージョンアップする場合も、新しくインストールする場合も、操作手順は同じで、以下のとおりです。

Jw_cadバージョン8.25aの動作環境

Jw_cadバージョン8.25aは、以下のパソコン環境でのみ正常に動作します。

OS（基本ソフト）：Windows 11/10/8
内部メモリ容量：64MB以上
ハードディスクの使用時空き容量：5MB以上
ディスプレイ（モニタ）の解像度：800×600以上
マウス：2ボタンタイプ
　　　　（ホイールボタン付き3ボタンタイプを推奨）

---

1 Jw_cadをインストールする

付録CD-ROMからJw_cadバージョン8.25aをインストールしましょう。

1　パソコンのCD/DVDドライブに付録CD-ROMをセットし、CD-ROMを開く。

2　付録CD-ROMに収録されている「jww825a（.exe）」を👓👓。

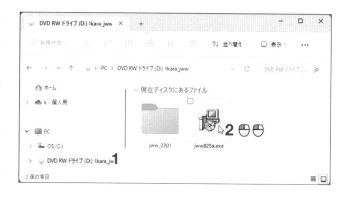

3　「ユーザーアカウント制御」ウィンドウの「はい」ボタンを👆。

4 「使用許諾契約書」を必ず読み、同意したら
「同意する」を。

5 「次へ」ボタンを。

6 「次へ」ボタンを。

7 「次へ」ボタンを。

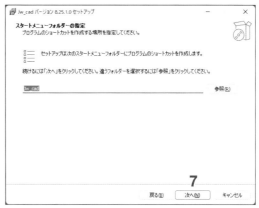

8 「デスクトップ上にアイコンを作成する」に
チェックを付ける。

9 「次へ」ボタンを。

10 「インストール」ボタンを🖱。

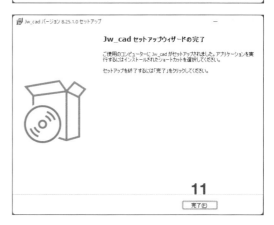

11 「完了」ボタンを🖱。

以上でインストールは完了です。
続けて、教材データをパソコンにコピーしましょう。

2 教材データをコピーする

続けて、教材データを、「jww_2301」フォルダーごとパソコンのCドライブにコピーしましょう。

1 付録CD-ROMの「jww_2301」フォルダーを🖱し、ショートカットメニューの「コピー」を🖱。

2 フォルダーツリーで「Cドライブ」を🖱し、ショートカットメニューの「貼り付け」を🖱。

以上で教材データのコピーは完了です。
付録CD-ROMのウィンドウを閉じ、CD-ROMを取り出しましょう。

14

教材データの使い方

コピーした「jww_2301」フォルダーには、本書の章別に「2」〜「8」のフォルダーが収録されており、各フォルダーには教材データが収められています。

本書の紙面には、教材データが用意されている項目の見出しの右横に「教材データが収録されているフォルダー名とファイル名」が記載されています。

ファイル名の末尾（拡張子）が「.jww」のファイルは、Jw_cadの図面ファイルです。**p.22**の「**04 Jw_cadの図面ファイルを開く**」で紹介している手順で開き、ご利用ください。

それ以外の末尾（「.jws」「.dxf」など）のファイルは、その使い方を本文で説明しているので、それに従ってご利用ください。

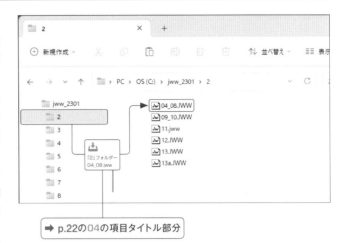

→ **p.22の04の項目タイトル部分**

Jw_cadと教材データを用意する

3 Jw_cadを起動し、画面を最大化する

デスクトップに作成されたJw_cadのショートカットアイコンを使ってJw_cadを起動しましょう。

1 デスクトップのJw_cadショートカットアイコンを🖱🖱。

POINT

Windowsのスタートメニューから起動する場合は、[スタート] − [すべてのアプリ] − [Jw_cad] − [Jw_cad] を🖱します。

→ Jw_cadが起動し、Jw_cad画面が開く。

2 Jw_cadのタイトルバーの右から2番目の「最大化」ボタンを🖱。

→ Jw_cadの画面が最大化され、パソコンの画面全体に表示される。

15

02 画面の各部名称を知る

Jw_cadの画面と各部名称、コマンド選択の方法

Jw_cadの画面と、各部の名称を知っておきましょう。

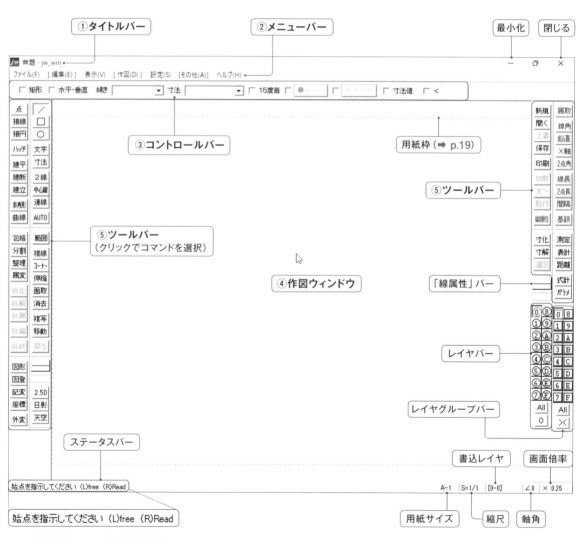

ここで行う操作メッセージが表示される。
(L)は🖱、(R)は🖱を示す

POINT

上図はWindows 11の解像度1024×768ピクセルでのJw_cadの画面です。画面のサイズ、タイトルバーの表示色、ツールバーの並びなどは、Windowsのバージョンやパソコンの設定によって異なります。

① **タイトルバー**

　[－jw_win] の前に作図中の図面ファイル名が表示される。未保存の場合は [無題] と表示される。

② **メニューバー**

　各コマンドがカテゴリー別に収録されている。🖱️して表示されるプルダウンメニューからコマンドを選択する。

③ **コントロールバー**

　選択コマンドの副次的なメニューが表示される。項目にチェックを付けたり数値を入力することで指定する。

④ **作図ウィンドウ**

　図面を作図する領域。**p.19**の**7**のチェックを付けると、用紙範囲を示すピンクの点線の用紙枠が表示される。

⑤ **ツールバー**

　各コマンドの選択ボタンが配置されている。選択中のコマンドは凹状態で表示される。

コマンドの選択方法と本書での表記

コマンドはツールバーまたはメニューバーから選択します。以下に、「○」(円弧) コマンドを選択する例で、ツールバーから選択する方法と、メニューバーから選択する方法を説明します。

方法 1

1　「○」(円弧) コマンドを🖱️。

　➡️🖱️したコマンドボタンが凹状態になる。

POINT

ツールバーに青文字で表示されているコマンドは、他のコマンド選択時に一時的に割込使用をするコマンドのため、🖱️しても凹状態にはなりません。

方法 2

1　メニューバー [作図] －「円弧」を🖱️。

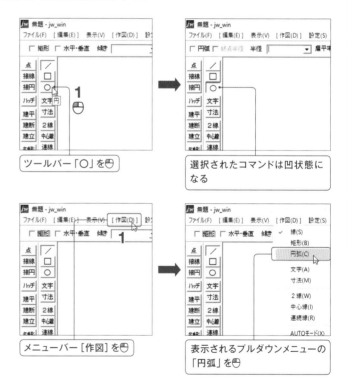

ツールバー「○」を🖱️

選択されたコマンドは凹状態になる

メニューバー [作図] を🖱️

表示されるプルダウンメニューの「円弧」を🖱️

本書では、前ページのJw_cad画面の両端に配置されているツールバーのコマンドを🖱️で選択する前提で説明しています。なお、ツールバーに配置されていないコマンドは、メニューバーから選択します。

使いやすい設定にしておく

Jw_cadの基本設定の変更

Jw_cadの各設定では、使用者のスキルに合わせてさまざまな設定が行えます。中上級者向けの設定になっていると初心者が戸惑う現象が生じる可能性があるため、ここでは初心者向きの設定に変更します。

「基設」(基本設定)コマンドで開く「jw_win」ダイアログでは、上部にあるタブを🖱することでそれぞれの設定項目の表示を切り替える

1 Jw_cadの各設定を変更する

Jw_cadの各設定を、初心者向きに変更しましょう。

1 メニューバー [表示] を🖱。

2 表示されるプルダウンメニューで、チェックが付いている「Direct2D」を🖱。

POINT
「Direct2D」は大容量データを扱うときに有効な設定ですが、パソコンによって表示状態に不具合が生じることがあるため、ここではチェックを外します。

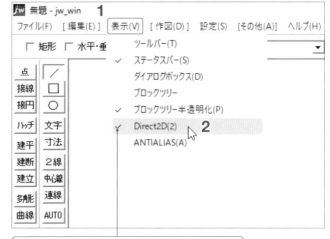

初期設定では「Direct2D」にチェックが付いている

3 右のツールバーの「基設」(基本設定)コマンドを🖱。

POINT
3の操作の代わりに、メニューバーの [設定] ー「基本設定」を🖱しても同じです。

4 「一般（1）」タブの「クロックメニューを使用しない」にチェックを付ける。

5 「消去部分を再表示する」にチェックを付ける。

6 「ファイル読込項目」の3項目にチェックが付いていることを確認する。付いていない場合は、🖱️してチェックを付ける。

7 「用紙枠を表示する」にチェックを付ける。

8 「入力数値の文字を大きくする」、「ステータスバーの文字を大きくする」にチェックを付ける。

9 「画像・ソリッドを最初に描画」にチェックを付ける。

POINT

4はJw_cad特有の中上級者向けのクロックメニューを無効にします。5は消去要素に重なる部分が途切れて表示されるのを防ぎます。6は図面ファイルごとの印刷線幅や印刷情報などを反映して開く設定です。7は用紙の範囲を示す用紙枠を表示します。8は入力文字とステータスバーの文字をやや大きく表示します。9はソリッド（塗りつぶし）に重なる線や文字を前面に表示する設定です。

10 「一般（2）」タブを🖱️。

11 「矢印キーで画面移動、PageUp・PageDownで…」にチェックを付ける。

12 「マウスホイール」の「−」にチェックを付ける。

13 「ホイールボタンクリックで線色線種選択」のチェックを外す。

POINT

11はキーボードからのズーム操作を有効にします。12はマウスホイールでの画面拡大・縮小操作を有効にします（➡ p.29）。13のチェックを外すことで、マウスホイールボタンのドラッグによるズーム操作を有効にします。

14 「OK」ボタンを🖱️。

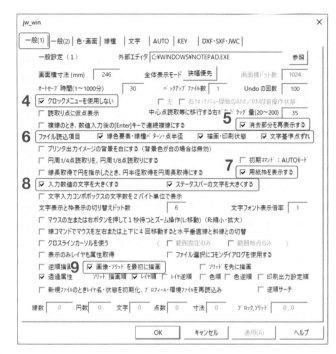

2 Jw_cadを終了する

Jw_cadをいったん終了しましょう。前項で行った設定はJw_cad終了後も有効です。

1 メニューバー [ファイル] を🖱。

2 表示されるプルダウンメニューの「Jw_cadの終了」を🖱。

POINT

1～2の操作の代わりに、タイトルバー右の×を🖱しても同じです。Jw_cadを終了するときは、必ずJw_cad画面を最大化（➡ p.15）した状態で終了してください。最大化せずに終了した場合、次の起動時に左右のツールバーの配置が崩れることがあります。

HINT 終了時にメッセージウィンドウが表示される場合

作図ウィンドウに何かを作図していたり、開いた図面ファイルの内容を変更したりして、図面を保存していない場合、このまま終了するとその内容が破棄されるため、右図のようなメッセージウィンドウが表示されます。
保存する必要がない場合には「いいえ」ボタンを🖱すると、保存せずに終了します。
保存する場合には「はい」ボタンを🖱すると、保存のための画面（➡ p.45）が表示されるか、上書き保存されて終了します。
「キャンセル」ボタンを🖱すると、終了指示が取り消されます。

図面ファイルを開いていない場合のメッセージ

図面ファイルを開いている場合のメッセージ

図面を見る・印刷する・保存する

第2章では、Jw_cadを触るうえで、最低限覚えておくべき必読項目、およびJw_cadの図面ファイルを開いて内容の確認や印刷を行いたい、という人向けの操作や機能を解説します。

Jw_cadの図面ファイルを開く

「2」フォルダー
04_08.jww

JWWファイルの開き方

Jw_cadの図面ファイルは「JWWファイル」とも呼ばれ、エクスプローラーの「中アイコン」以上の表示では、右図のアイコンで表示されます。エクスプローラーでJWWファイルを🖱🖱することでもJw_cadが起動し、そのJWWファイルが開きます。しかし、基本設定によってはJWWファイルに保存されている印刷設定などの情報が読み込まれません。
図面ファイルは、「開く」コマンドを選択して開くことが基本です。

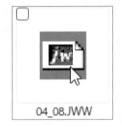

04_08.JWW

第2章

図面を見る・印刷する・保存する

1 基本設定を確認する

JWWファイルには、作図した図面のほか、線色ごとの表示色、印刷時の線の太さやカラー印刷色などの情報も共に保存されています。ファイルを開く前に、それらの情報を読み込む設定になっていることを確認しましょう。

1 ツールバー「基設」(基本設定)コマンドを🖱。

2 「jw_win」ダイアログの「一般(1)」タブの「ファイル読込項目」欄の右図3カ所にチェックが付いていることを確認し(チェックが付いていない場合はチェックを付ける)、「OK」ボタンを🖱。

POINT

「線色要素・線種パターン・点半径」は、画面の表示色、印刷時の線の太さ、印刷色、点の大きさの設定(「色・画面」タブ)、線種の設定(「線種」タブ)を、「描画・印刷状態」は、描画順(「一般(1)」タブ)と「印刷」コマンドでの印刷設定、「文字基準点ずれ」は「文字基点設定」ダイアログの情報を読み込みます。この設定は、次に設定を変更するまで有効です。ファイルを開くたびに確認する必要はありません。

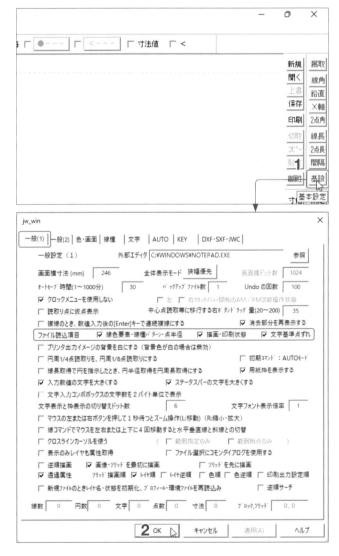

22

2 JWWファイルを開く

「ローカルディスク（C：）」の「jww_2301」フォルダー内の「2」フォルダーに収録されている練習用図面ファイル「04_08.jww」を開く例で説明します。

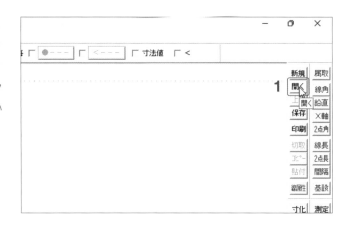

1 ツールバー「開く」コマンドを🖱️。

➡ 下図の「ファイル選択」ダイアログが開く。

▶「ファイル選択」ダイアログ

チェックを付けると右のサムネイル
表示がリスト表示に切り替わる

サムネイルの横×縦の表示数

サムネイル表示のファイル種類

ファイル名文字の表示サイズ（−3〜3）

現在開いている
フォルダー

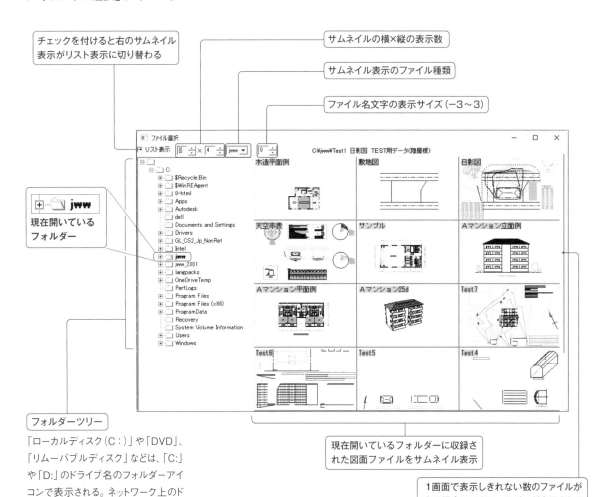

フォルダーツリー
「ローカルディスク（C：）」や「DVD」、
「リムーバブルディスク」などは、「C:」
や「D:」のドライブ名のフォルダーアイ
コンで表示される。ネットワーク上のド
ライブやフォルダーは表示されない。
➡ p.25

現在開いているフォルダーに収録さ
れた図面ファイルをサムネイル表示

1画面で表示しきれない数のファイルが
ある場合にスクロールバーが表示される

2 フォルダーツリーの「jww_2301」フォルダーを🖱🖱。

POINT

フォルダーツリーで、これから開く図面ファイルが収録されているフォルダーを開きます。先頭に＋マークが付いているフォルダー内には、表示されていないフォルダーがあります。フォルダーを🖱🖱するか、＋マークを🖱することで、その中のフォルダーもツリー表示されます。

3 「jww_2301」フォルダー下に表示された「2」フォルダーを🖱。

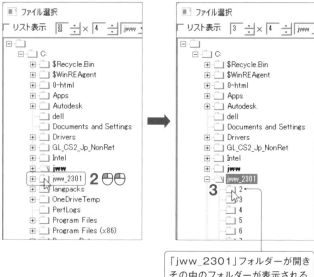

「jww_2301」フォルダーが開きその中のフォルダーが表示される

「jww_2301」フォルダー内の「2」フォルダーが開き、その中のJWWファイルが右側のウィンドウにサムネイル表示される

4 右のウィンドウに表示された図面ファイル「04_08」の枠内にマウスポインタを合わせて🖱🖱。

POINT

「04_08」枠内のファイル名以外の位置で🖱🖱してください。ファイル名を🖱すると、ファイル名の変更機能が働いてしまいます。

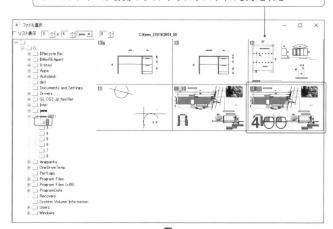

➡ **4**で🖱🖱した図面ファイル「04_08.jww」が開く。

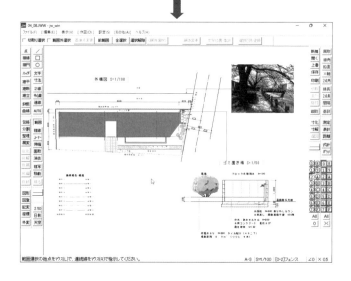

第**2**章　図面を見る・印刷する・保存する

HINT デスクトップ、ドキュメント、ネットワーク上の図面を開くには

Jw_cad独自の「ファイル選択」ダイアログのフォルダーツリーには、「デスクトップ」「ドキュメント」「ネットワーク」などは表示されません。それらにあるファイルを開くのであれば、Windowsの「開く」ダイアログ（コモンダイアログ）を使う設定にします。

1 「基設」（基本設定）コマンドを🖱。

2 「jw_win」ダイアログの「一般（1）」タブの「ファイル選択にコモンダイアログを使用する」にチェックを付ける。

3 「OK」ボタンを🖱。

以上の設定で、図面ファイルを開く・保存するときに開く「ファイル選択」ダイアログが、Windows標準の「開く」「名前を付けて保存」ダイアログ（コモンダイアログ）になります。

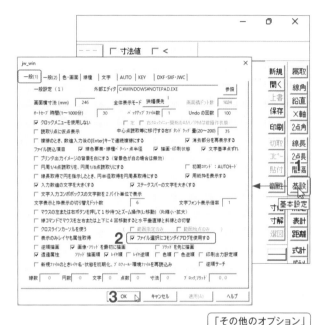

POINT

ダイアログでのファイルの表示は、「その他のオプション」を🖱し、表示されるリストから選択・切り替えできます。ただし、プレビューウィンドウを表示しても、図面ファイルはプレビュー表示されません。また、Jw_cadには、排他制御機能（複数のパソコンで同時に同一ファイルを開き、編集・上書を防ぐ機能）がありません。ネットワーク上の共有フォルダーの図面ファイルを編集するときには、同時に複数のパソコンで編集して上書き保存することのないように注意してください。

「その他のオプション」

デスクトップやネットワーク上の共有フォルダーを選択できる

❓ こんなときはどうする？

▶ 図面を開いたら作図ウィンドウが黒背景になった ➡ p.217
▶ 図面を開いても作図ウィンドウに何も表示されない ➡ p.210
▶ 図面の一部の線や文字が表示されない ➡ p.213
▶ 文字だけが表示されない ➡ p.214
▶ 画像が表示されない ➡ p.216

05 図面を拡大・縮小・全体表示する

★★★　　作図ウィンドウのズーム操作

「2」フォルダー
「04_08.jww」

Jw_cadには、作図ウィンドウの図面を拡大・縮小表示するコマンドはありません。それらのズーム操作はマウスの両ドラッグ（左右両方のボタンを押したままマウスを移動する）で行います。
ズーム操作は、作図・編集コマンドの操作途中でも行えます。

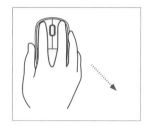

1　指定範囲を拡大表示する

「04_08.jww」の右下の図を拡大表示しましょう。

1 拡大範囲の左上にマウスポインタを合わせ🖱（左右両方のボタンを押しまま、右下方向へ移動）。

2 拡大枠で拡大する範囲を囲み、マウスボタンをはなす。

`拡大` と表示された位置1
からマウスポインタ2まで
拡大枠が表示される

➡ 拡大枠に囲まれた範囲が作図ウィンドウに拡大表示される。

POINT

「ドラッグ操作を誤って作図ウィンドウから図が消えた」「図が移動した」という場合は、次ページの「2　用紙全体を表示する」を行って用紙全体表示に戻したうえで、再度、拡大操作を行ってください。

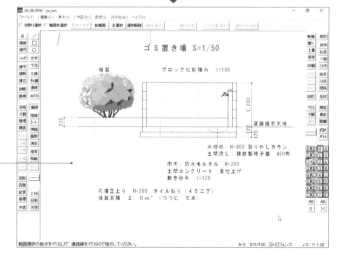

拡大枠に囲まれた範囲が作図
ウィンドウに拡大表示される

拡大した図面の左の植栽部分をさらに拡大表示しましょう。

3 拡大範囲の左上にマウスポインタを合わせ🖱️↖、[拡大]し、拡大枠で右図のように囲みボタンをはなす。

POINT

マウスの左右両方のボタンの代わりに、マウスのホイールボタンを押したままドラッグして、ズーム操作を行うことも可能です（設定方法 ➡ p.29のHINT）。

➡ 拡大枠に囲まれた範囲が次図のように作図ウィンドウに拡大表示される。

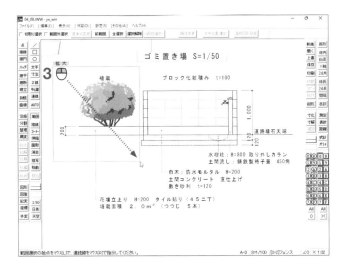

2 用紙全体を表示する

用紙全体の表示にしましょう。

1 作図ウィンドウで🖱️↗[全体]。

POINT

作図ウィンドウのどの位置からドラッグしてもかまいません。マウスの左右両方のボタンを押したまま右上方向にドラッグし、[全体]が表示されたらボタンをはなすことで、用紙全体の表示になります。

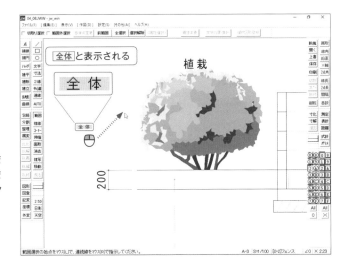

POINT

表示範囲記憶がされている図面ファイルでは、🖱️↗で[〈範囲〉]と表示され、記憶されている拡大範囲が表示されます。
用紙全体の表示 ➡ 次ページのHINT

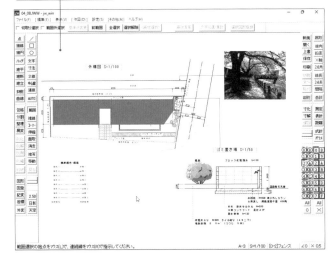

HINT 🖱↗で (範囲) と表示される場合に用紙全体を表示するには

Jw_cadでは、拡大表示した範囲を記憶する機能「表示範囲記憶」があります。表示範囲記憶がされている図面ファイルでは、🖱↗すると 全体 ではなく、(範囲) と表示され、記憶した範囲が表示されます。そのような図面ファイルで用紙全体を表示するには、以下の操作を行います。

1　ステータスバー「画面倍率」ボタンを🖱。

2　「画面倍率・文字表示　設定」ダイアログの「用紙全体表示」ボタンを🖱。

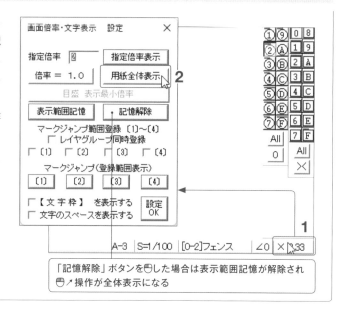

「記憶解除」ボタンを🖱した場合は表示範囲記憶が解除され 🖱↗操作が全体表示になる

3　縮小表示する

縮小表示をして、用紙枠の外を表示しましょう。

1　右図の位置にマウスポインタを合わせて 🖱↘ 縮小 。

POINT

作図ウィンドウの中心にしたい位置から🖱↘（左上方向に両ドラッグ）し、縮小 が表示されたらボタンをはなします。

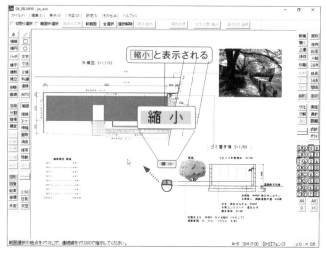

縮小 と表示される

縮 小

縮小

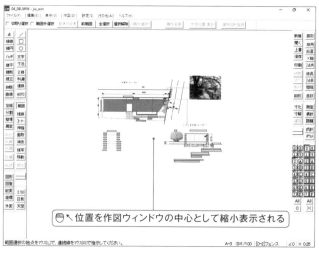

🖱↘ 位置を作図ウィンドウの中心として縮小表示される

第2章 | 図面を見る・印刷する・保存する

28

「基設」(基本設定)コマンドを🖱️して開く「jw_win」ダイアログの「一般(2)」タブで下図のチェックを付けることにより、キーボードの $\boxed{\text{PageUp}}$、$\boxed{\text{PageDown}}$、$\boxed{\text{Home}}$、$\boxed{\uparrow}$、$\boxed{\downarrow}$、$\boxed{\rightarrow}$、$\boxed{\leftarrow}$キーでのズーム・スクロール操作ができるようになります。

初期値の「0.5」では、矢印キーを押すたびに画面の1/2、指定方向にスクロールする

初期値の「1.5」では $\boxed{\text{PageUp}}$ キーを押すごとに1.5倍に拡大表示、$\boxed{\text{PageDown}}$ キーを押すごとに1/1.5(0.66…)倍に縮小表示される

使用キー	画面操作
$\boxed{\text{PageUp}}$キー	拡大表示
$\boxed{\text{PageDown}}$キー	縮小表示
$\boxed{\text{Home}}$キー	用紙全体表示
$\boxed{\uparrow}$ $\boxed{\downarrow}$ $\boxed{\rightarrow}$ $\boxed{\leftarrow}$キー	画面スクロール

「基設」(基本設定)コマンドを🖱️して開く「jw_win」ダイアログの「一般(2)」タブで下図の設定を行うことにより、マウスホイールでのズーム操作ができるようになります。

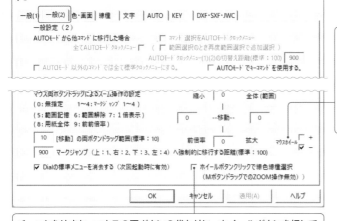

「マウスホイール」の「+」「ー」いずれかにチェックを付けると、マウスホイールを回転することでマウスポインタの位置を基準に画面拡大・縮小ができる。「+」にチェックを付けた場合、ホイールを前方に回すと縮小表示、後方に回すと拡大表示される。「ー」にチェックを付けた場合はその逆になる

チェックを外すと、マウスの両ボタンの代わりに、ホイールボタンを押してドラッグすることでズーム操作が行える

05

図面を拡大・縮小・全体表示する

図面を印刷する

★★★　用紙サイズを指定して印刷

「2」フォルダー
「04_08.jww」

Jw_cadの図面は、あらかじめ用紙サイズと縮尺を決め、印刷を想定したレイアウトで作図することが基本です。Jw_cadの図面であるJWWファイルには、印刷時の線の太さや印刷する用紙サイズ、印刷する範囲などの情報も保存されています。
p.22の04の「1　基本設定を確認する」で確認した設定でJWWファイルを開けば、それらの情報も読み込まれます。

第2章　図面を見る・印刷する・保存する

1 A3サイズで作図された図面をA3用紙に印刷する

A3サイズで作図された図面「04_08.jww」を開き、A3用紙に印刷しましょう。

1　「印刷」コマンドを🖱。

2　「プリンターの設定」ダイアログの「プリンター名」を確認する（または印刷するプリンターに変更する）。

3　「用紙」欄の「サイズ」ボックスの▼を🖱し、表示されるリストから「A3」を🖱で選択する。

A3サイズで作図された図面をA4用紙に印刷する方法
➡ p.32

4　「印刷の向き」は「横」を🖱で選択する。

5　「OK」ボタンを🖱。

図面の用紙サイズはA3

POINT

印刷される範囲を示す赤い印刷枠が表示されます。この印刷枠の大きさは、印刷するプリンター機種により異なります。印刷枠からはみ出した部分は印刷されません。

POINT

「印刷」コマンドでは、すべての要素が実際の印刷色で表示されます。コントロールバー「カラー印刷」にチェックが付いていない場合、任意色のソリッド（塗りつぶし）および画像以外の要素は黒で印刷されるため、画面上も印刷色の黒で表示されます。

6 コントロールバーの「印刷」ボタンを🖱。

印刷した図面の線の大部分は細い線で、寸法端部にも点がないように見えます。

線の太さや実点の大きさの設定・変更方法
➡ p.36

画像と任意色のソリッド（塗りつぶし）以外は印刷色の黒で表示される

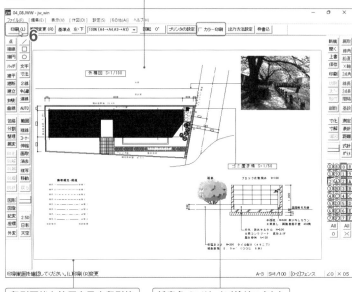

印刷可能な範囲を示す印刷枠　　　任意色のソリッド（塗りつぶし）

HINT　カラー印刷するには

コントロールバー「カラー印刷」にチェックを付けることで、カラーで印刷することができます。

印刷色の変更方法 ➡ p.40

チェックを付けるとカラー印刷色で表示される

2 A3サイズで作図された図面を A4用紙に縮小印刷する

続けて、同じ図面をA4用紙に縮小印刷しましょう。

1 「印刷」コマンドのコントロールバー「プリンタの設定」ボタンを🖱。

2 「プリンターの設定」ダイアログの「用紙」ボックスを「A4」に、「印刷の向き」は「横」にして、「OK」ボタンを🖱。

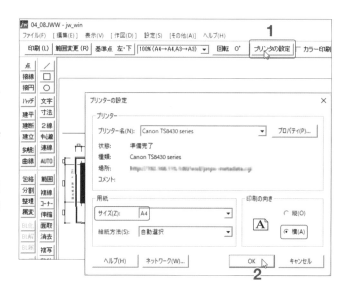

3 コントロールバー「印刷倍率」ボックスの▼を🖱し、リストから「71%（A3→A4，A2→A3）」を🖱で選択する。

POINT

「印刷倍率」ボックスに印刷倍率を指定することで、縮小印刷や拡大印刷ができます。例えばS＝1/30の図面をS＝1/50相当の大きさで印刷するには、印刷倍率として60%（30÷50×100）を指定します。60%はリストにないため、リストから「任意倍率」を🖱で選択し、表示される「印刷倍率入力」ボックスに「60」を入力します。

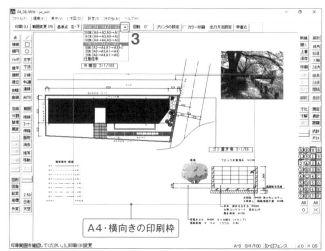

A4・横向きの印刷枠

4 コントロールバーの「印刷」ボタンを🖱。

POINT

等倍（100%）印刷と同じ線の太さのまま縮小印刷すると、線がつぶれてしまうことがあります。「基本設定」の「jw_win」ダイアログの「色・画面」タブの「（印刷時に）」にチェックを付けて印刷することで、縮小（または拡大）率に準じて線の太さも細く（または太く）印刷されます。

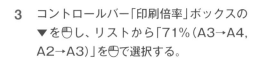

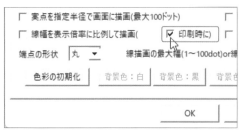

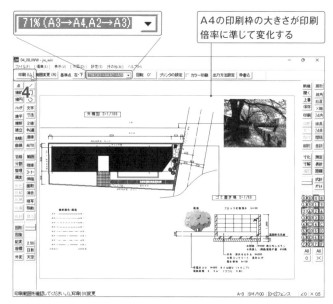

A4の印刷枠の大きさが印刷倍率に準じて変化する

3 図面の一部を A4用紙に等倍で印刷する

続けて、同じ図面の一部、平面図部分を、A4用紙に等倍で印刷しましょう。

1 「印刷」コマンドのコントロールバー「印刷倍率」ボックスを「100%（A4→A4, A3→A3）」にする。

2 コントロールバー「範囲変更」ボタンを🖱。

➡ 印刷枠の左下角にマウスポインタを合わせ、印刷枠が移動できる状態になる。

POINT

「範囲変更」ボタンを🖱すると、印刷枠の左下角をマウスポインタに合わせ、印刷枠が移動できる状態になります。コントロールバーの基準点「左・下」ボタンを🖱することで、印刷枠に対するマウスポインタの位置（基準点）を下図の9カ所に変更できます。

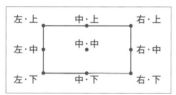

左・上	中・上	右・上
左・中	中・中	右・中
左・下	中・下	右・下

3 コントロールバー「左・下」ボタンを何度か🖱し、「中・中」にする。

➡ 印刷枠の中央にマウスポインタが表示され、移動できる状態になる。

4 印刷枠に平面図が入る位置で🖱。

5 コントロールバー「印刷」ボタンを🖱。

❓ **こんなときはどうする？**

▶「不正なデータがあります」と表示される ➡ p.220

▶ 寸法端部の実点が印刷されない ➡ p.218

▶ 一部の文字や線が印刷されない ➡ p.218

▶ 塗りつぶし・画像に重なる線・文字が印刷されない ➡ p.218

▶ 画像が印刷されない／画像が黒くまたは粗く印刷される ➡ p.219

▶ カラー印刷すると一部の線や塗りつぶしがグレーになる ➡ p.221

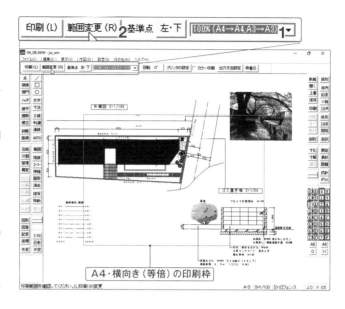

A4・横向き（等倍）の印刷枠

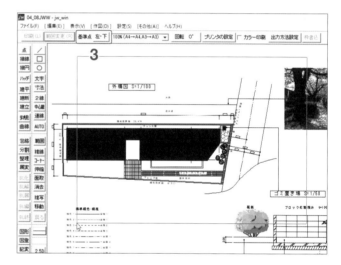

印刷枠の中央にマウスポインタが表示される

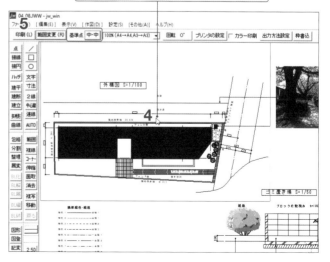

07 線の色や種類を設定する

★★★ 書込線の線色・線種を設定

Jw_cadでは、細線、中線、太線などの線の太さの違いを、線色1 〜 8の8色の線色を使い分けることで表現します。線色は、線の太さの区別であるとともにカラー印刷色の区別でもあります。また、実線、破線、鎖線などの線種も使い分ける必要があります。

「線属性」バーには、これから作図する線の線色・線種が表示されています。この線色・線種を「書込線」と呼びます。

ここでは、書込線を指定する「線属性」ダイアログを開き、Jw_cadで扱える線色・線種について説明します。

書込線を表示する［線属性］バー

1 書込線を変更する

書込線を線色6の一点鎖線に変更しましょう。

1 「線属性」バーを🖰。

POINT

1の操作は左側と右側どちらの「線属性」バーを🖰しても同じです。また、「線属性」(線属性設定)コマンドを🖰しても同じ「線属性」ダイアログが開きます。Jw_cadでは、線の線色・線種を「線属性」と呼びます。

2 「線色6」ボタンを🖰。

POINT

線色1 〜 8の8色の標準線色が用意されています。「基設」(基本設定)コマンドで、これらの線色ごとに線の太さやカラー印刷時の色を自由に設定・変更できます(➡ p.36)。「補助線色」は印刷されない色です。

現在の書込線の線色と線種が選択(凹表示)されている

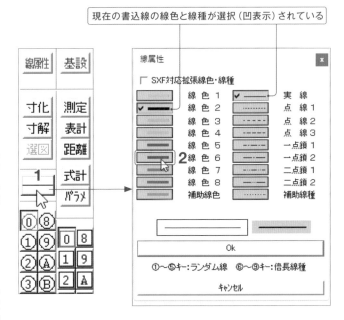

3 「一点鎖1」ボタンを🖱。

「線属性」バーの表示が2、3で指定した線色・線種に変わる

POINT

実線、ピッチの違う3種の破線（点線1・点線2・点線3）、2種の一点鎖線（一点鎖1・一点鎖2）、2種の二点鎖線（二点鎖1・二点鎖2）が標準線種として用意されています。「補助線種」は印刷されない線種です。

4 「Ok」ボタンを🖱。

以上で書込線が変更されました。以降作図する線は、線色6の一点鎖1になります。

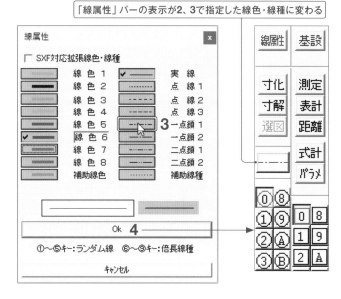

HINT　SXF対応拡張線色・線種とは

Jw_cadでは、8色の標準線色と8種類の標準線種を使い分けて作図することが基本です。

ただし、「線属性」ダイアログの「SXF対応拡張線色・線種」にチェックを付けると、SXFファイル（➡ p.62）の仕様に対応したSXF対応拡張線色・線種の選択に切り替わります。DXFファイルやSXFファイルを開いた場合の図面の線色・線種は、このSXF対応拡張線色・線種になります。

標準線色と異なるのは、SXF対応拡張線色の色はカラー印刷色であって、太さを区別するものではない点です。SXFファイルでは、線の太さは線色に関係なく、線ごとに個別に指定されています。

そのため、線ごとの太さやカラー印刷色の設定を標準線色のように変更することはできません。

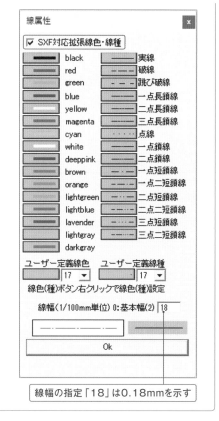

線幅の指定「18」は0.18mmを示す

印刷時の線の太さを設定する

 ★★★　印刷線幅・実点の大きさの設定

「2」フォルダー
「04_08.jww」

細線、中線、太線などの線の太さの違いは、線色1～8の8色の線色を使い分けることで表現します。線色1～8の太さ（印刷線幅）や寸法線端部の実点の大きさは、「基設」（基本設定）コマンドの「色・画面」タブで設定・変更できます。

ここでは、p.30の06で印刷した図面「04_08.jww」の各線色の印刷される太さ（印刷線幅）を変更してみましょう。

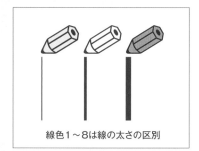

線色1～8は線の太さの区別

第2章 図面を見る・印刷する・保存する

1 印刷時の線の太さを変更する

p.30の06で印刷した図面「04_08.jww」では、線色8以外の線は細い線で印刷されました。ここでは、各線色の印刷される太さ（印刷線幅）を下記の表の太さに変更しましょう。

線色	印刷線幅
線色1	0.13mm
線色2	0.20mm
線色3	0.18mm
線色4	0.25mm
線色5	0.20mm
線色6	0.15mm
線色7	0.25mm
線色8	0.40mm

1 「基設」（基本設定）コマンドを🖱。

2 「jw_win」ダイアログの「色・画面」タブを🖱。

POINT

右側の「プリンタ出力要素」欄の「線色1」～「線色8」の「線幅」ボックスが、「線属性」ダイアログ（➡ p.34）における「線色1」～「線色8」の印刷線幅です。

各線色の印刷線幅

現在の印刷線幅は、600dpiにおけるドット数
（1ドットは約0.0423mm）で指定されています。
右図の「線色8」の線幅は「10」なので、約0.4mm
（0.0423×10＝0.423）相当の太さで印刷され
ます。「dpi切替」ボタンを🖰すると、「600dpi」⇔
「300dpi」（1ドットは約0．085mm）に切り替わり
ます。

3 「線幅を1/100mm単位とする」にチェッ
クを付ける。

「線幅を1/100mm単位とする」にチェックを付け
た場合、「線色1」～「線色8」の「線幅」ボックスに
は「印刷する線の太さ×100」の数値を指定します
（0.1mmの場合は「10」と入力する）。

現在は600dpiの単位で指定

4 「線色1」の「線幅」ボックスを🖰し、数値
を「13」に変更する。

線色1は0.13mmを指定するため、0.13×100
の計算結果の「13」を入力します。数値を入力後、
Enterキーを押さないでください。

5 同様にして、「線色2」～「線色8」の「線幅」
ボックスの数値を、下記の表を参考に変
更する。

線色	印刷線幅	入力値
線色2	0.20mm	20
線色3	0.18mm	18
線色4	0.25mm	25
線色5	0.20mm	20
線色6	0.15mm	15
線色7	0.25mm	25
線色8	0.40mm	40

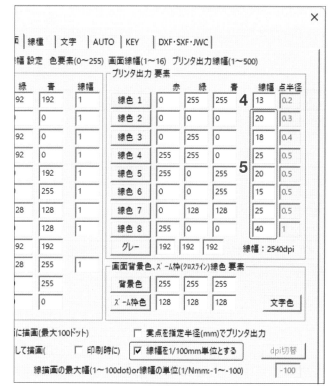

実点の大きさを指定しない場合は、ここで「OK」ボ
タンを🖰して完了します。

08

印刷時の線の太さを設定する

2 実点の大きさを指定する

p.30の06で印刷した図面「04_08.jww」では、寸法端部の線色6の実点が小さすぎるため、印刷されていないように見えます。線色6の実点を見やすくするため、半径0.3mmの大きさで印刷されるように設定を変更しましょう。

1 「色・画面」タブの「実点を指定半径（mm）でプリンタ出力」にチェックを付ける。

POINT
実点の大きさは「実点を指定半径（mm）でプリンタ出力」にチェックを付け、「線色1」〜「線色8」の「点半径」ボックスにmm単位で半径を指定します。実際に作図される点の大きさは「（点半径×2）＋その線色の線幅」です。

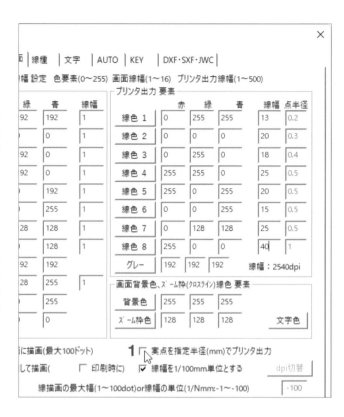

2 「プリンタ出力要素」欄の「線色6」の「点半径」ボックスを🖱し、数値を「0.3」に変更する。

3 「OK」ボタンを🖱。

POINT
図面を上書き保存（➡ p.44）すると、ここで変更した設定内容が図面ファイルに保存されます。

印刷を行い、各線色の太さと、寸法端部の線色6の実点の大きさが変更されたことを確認しましょう。

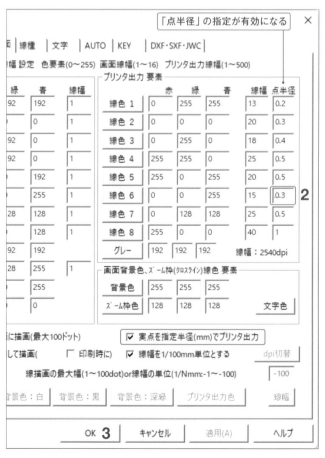

印刷される破線や鎖線のピッチ（線と間隔の長さ）は、「jw_win」ダイアログの「線種」タブで調整できます。以下は、「点線2」のピッチを細かくする例で説明します。

1 「基設」（基本設定）コマンドを🖱。

2 「jw_win」ダイアログの「線種」タブを🖱。

線種2〜線種8が点線1〜二点鎖2に対応

3 「線種3」（点線2）の「プリンタ出力」欄の「ピッチ」ボックスの数値を「5」に変更する。

POINT

「プリンタ出力」欄の「ピッチ」ボックスの数値を変更することで、ピッチを調整します。指定ピッチを細かくするには「ピッチ」ボックスの数値をより小さく、粗くするには数値をより大きくします。

4 「OK」ボタンを🖱。

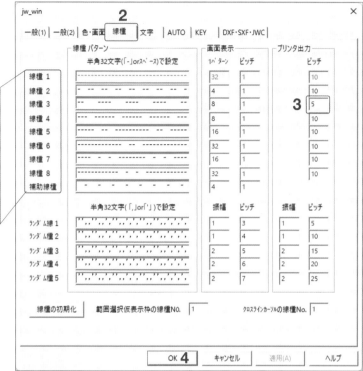

ピッチ「10」の点線2

ピッチ「5」の点線2

❓ **こんなときはどうする？**

▶ 印刷線幅を変更しても印刷される線幅が変化しない ➡ p.222

カラー印刷時の線の色を設定する

★★★

線色ごとにカラー印刷色を設定

「2」フォルダー
「09_10.jww」

線色1 ~ 8の8色の線色を使い分けることで、細線、中線、太線などの線の太さの違いを表現します。加えて、線色はカラー印刷色の区別でもあります。線色1 ~ 8のカラー印刷色は、「jw_win」ダイアログの「色・画面」タブで、線色ごとに設定・変更できます。

ここでは、p.30の06で印刷した図面と同じ内容で、p.36の08の印刷線幅の変更を施した図面「09_10.jww」を開き、カラー印刷色を変更してみましょう。

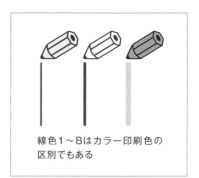

線色1～8はカラー印刷色の区別でもある

1 カラー印刷色を設定する

p.30の06の図面をカラー印刷すると、線色1～8は通常の画面表示色とほぼ同じ色でカラー印刷されます。ここでは、線色3と線色8は現在の色のままとし、線色6で作図されている基準線と寸法を赤で、線色7はライトグレーで、残りの線色はすべて黒で印刷するように設定を変更しましょう。

線色	印刷線幅
線色1	黒
線色2	変更なし（黒）
線色3	変更なし（緑）
線色4	黒
線色5	黒
線色6	赤
線色7	ライトグレー
線色8	変更なし（赤）

1 「基設」（基本設定）コマンドを🖱。

2 「jw_win」ダイアログの「色・画面」タブを🖱。

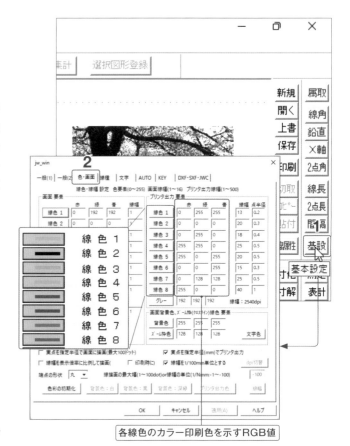

各線色のカラー印刷色を示すRGB値

POINT

右側の「プリンタ出力要素」欄の「線色1」～「線色8」の「赤」「緑」「青」ボックスの数値が、各線色のカラー印刷色を示します。

3 「線色6」ボタンを🖰。

4 「色の設定」ダイアログで「赤」を🖰で選択
し、「OK」ボタンを🖰。

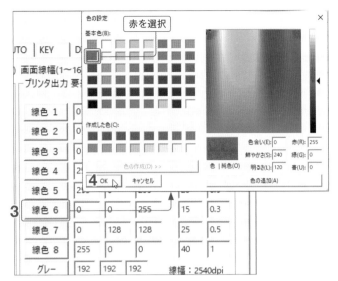

5 「線色7」ボタンを🖰。

6 「色の設定」ダイアログで「ライトグレー」
を🖰で選択し、「OK」ボタンを🖰。

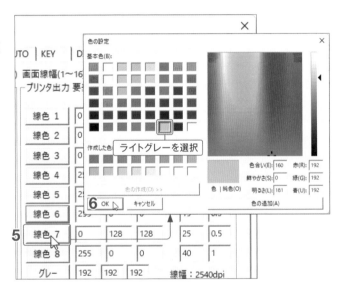

7 「線色1」ボタンを🖰。

8 「色の設定」ダイアログで「黒」を🖰で選択
し、「OK」ボタンを🖰。

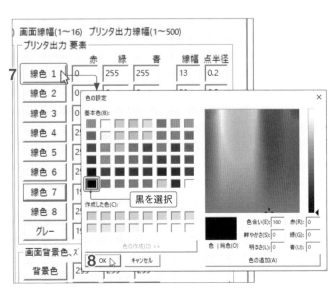

9 同様にして、「線色4」「線色5」の印刷色も「黒」を指定する。

POINT

7～8と同様に、「色の設定」ダイアログで指定する代わりに、「線色4」「線色5」の「赤」「緑」「青」ボックスの数値を「0」に変更することでも「黒」に指定できます。「赤」「緑」「青」ボックスの数値がすべて「0」は「黒」を示します。数値を入力後、Enterキーを押さないでください。

10 「OK」ボタンを🖱。

POINT

図面を上書き保存（➡ p.44）すると、ここで変更した設定内容が図面ファイルに保存されます。

「印刷」コマンドを選択し、コントロールバー「カラー印刷」にチェックを付けて、指定したとおりのカラー印刷色に変更されたことを確認しましょう。

POINT

「jw_win」ダイアログでカラー印刷色を変更できるのは、標準線色「線色1」～「線色8」のみです。画面表示色がそのままカラー印刷色となるSXF対応拡張線色（➡ p.35のHINT）のカラー印刷色は変更できません。

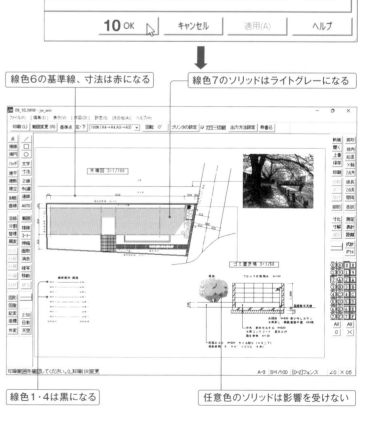

	赤	緑	青	線幅	点半径
線色 1	0	0	0	13	0.2
線色 2		0		20	0.3
線色 3	0	255		18	0.4
線色 4				25	0.5
線色 5				20	0.5
線色 6	255	0		15	0.3
線色 7	192	192	192	25	0.5
線色 8	255	0		40	1
グレー	192	192	192	線幅：2540dpi	

プリンタ出力 要素

画面背景色、ズーム枠(クロスライン)線色 要素

背景色	255	255	255	
ズーム枠色	128	128	128	文字色

☑ 実点を指定半径(mm)でプリンタ出力

☐ 印刷時に ☑ 線幅を1/100mm単位とする dpi切替

線描画の最大幅(1～100dot)or線幅の単位(1/Nmm:-1～-100) -100

背景色：白 背景色：黒 背景色：深緑 プリンタ出力色 線幅

10 OK キャンセル 適用(A) ヘルプ

線色6の基準線、寸法は赤になる

線色7のソリッドはライトグレーになる

線色1・4は黒になる

任意色のソリッドは影響を受けない

変更したカラー印刷色を一括して初期設定に戻すことができます。

1 「基設」(基本設定) コマンドを🖱。

2 「jw_win」ダイアログの「色・画面」タブを🖱。

3 「色彩の初期化」ボタンを🖱。

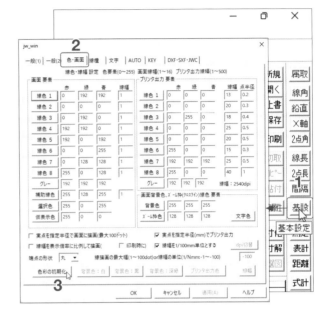

4 「プリンタ出力色」ボタンを🖱。

「赤」「緑」「青」の数値が初期設定に戻る

5 「OK」ボタンを🖱。

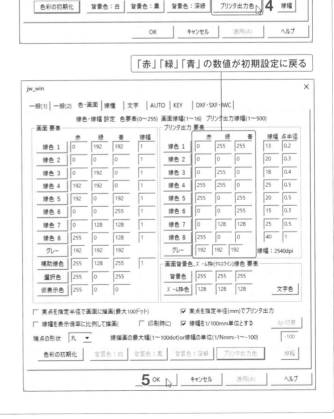

開いている図面を保存する

★★★　「上書き保存」と「名前を付けて保存」

「2」フォルダー
「09_10.jww」

JWWファイルを開き、図面に手を加え、印刷線幅の設定などを変更した場合には、「上書」（上書き保存）コマンドで上書き保存をして変更内容を保存します。
DXFファイルなど他の形式のファイルを開いて保存する場合や、開いた元のJWWファイルを残したまま新しいJWWファイルとして保存する場合には、「保存」（名前を付けて保存）コマンドで名前を付けて保存します。

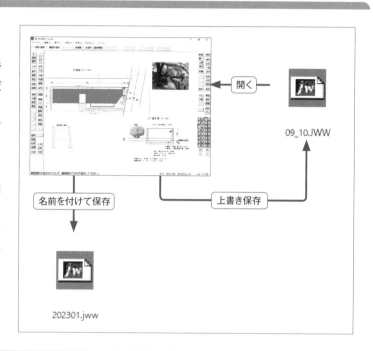

1　図面ファイルを上書き保存する

JWWファイルを開いて加筆や修正をした場合、あるいは図面に手を加えていなくても印刷線幅の変更などを行った場合には、その情報を図面ファイルに保存するため上書き保存します。上書き保存では、編集前の図面は残りません。

1　「上書」（上書き保存）コマンドを🖱。

POINT

1の操作の代わりに、メニューバー［ファイル］−「上書き保存」を🖱しても同じです。標準で上書き保存できるのは、JWWファイルのみです。DXFファイル、SFCファイル、JWCファイルなどを開いた場合は、図面に手を加えても「上書」（上書き保存）コマンドはグレーアウトされて🖱できません。

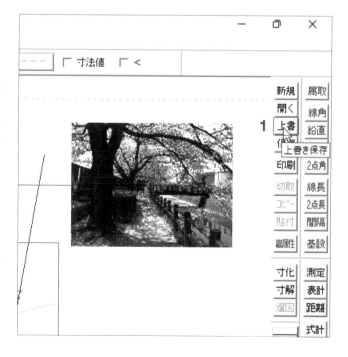

2 図面ファイルを 名前を付けて保存する

JWC、DXF、SXF（SFC・P21）ファイルを開いた場合や、JWWファイルで編集前の図面ファイルを残して保存する場合は、「保存」（名前を付けて保存）コマンドで名前を付けて保存します。新しく作図した図面を保存する場合も手順は同じです。

1 「保存」（名前を付けて保存）コマンドを🖱。

`POINT`

1の操作の代わりに、メニューバー［ファイル］－「名前を付けて保存」を🖱しても、同じです。開いた図面がDXFファイルで、最終的にはDXFファイルとして他へ渡す図面であっても、その途中段階の図や完成図は、いったんJWWファイルとして保存してください。そのうえで、渡す先のCADに合わせた形式で新たに保存します。

2 「ファイル選択」ダイアログのフォルダーツリーで、保存先のフォルダーを選択（または確認）する。

3 「新規」ボタンを🖱。

4 「名前」ボックスの名前を書き換える。

`POINT`

同じフォルダーに同じ種類（形式）、同じ名前のファイルは保存できません（同じ名前だと上書き保存になる）。編集元のJWWファイルを残すには、「名前」ボックスの名前を書き換えます。また、新しく作図した図面を保存する場合は「名前」ボックスに「無題」と表示されるので、その名前を書き換えます。名前は半角英数文字で入力することが基本ですが、半角/全角キーを押すことで日本語入力を有効にし、全角文字で入力することもできます。半角の記号の中にはファイル名に使えないものやトラブルの原因になるものもあるため、「―」（ハイフン）と「＿」（アンダーバー）以外の記号は使用しないことを推奨します。

5 「OK」ボタンを🖱。

┈┈┈┈┈┈┈┈┈┈┈┈┈┈┈┈┈┈┈┈
❓ こんなときはどうする？

▶ 誤って上書き保存した ➡ p.234
┈┈┈┈┈┈┈┈┈┈┈┈┈┈┈┈┈┈┈┈

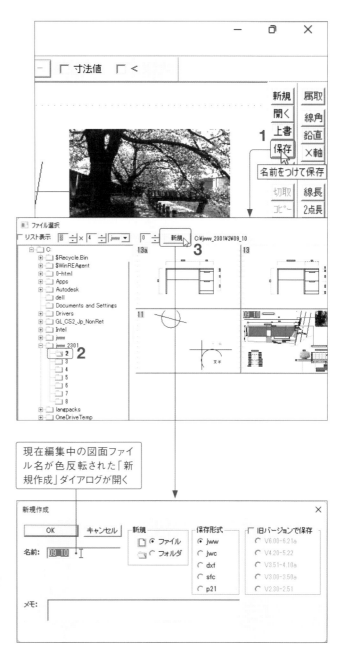

現在編集中の図面ファイル名が色反転された「新規作成」ダイアログが開く

45

11

★★★

Jw_cad独自の
クリック操作を学ぶ

左クリックと右クリックの使い分け

「2」フォルダー
「11.jww」

Jw_cadには、Windowsの標準操作とは異なる独自の🖱️（左クリック。本書では「クリック」と表記）と🖱️（右クリック）の使い分けがあります。これらを知らないと、作図はもちろん、図面上の距離を正確に測定することもできません。

ここでは、利用頻度の高い「消去」（図形消去）コマンドを例に、その使い分けを説明します。どのコマンドでもステータスバーの操作メッセージに、🖱️は（L）、🖱️は（R）として、その使い分けが表示されます。慣れるまでは必ず操作メッセージを確認するようにしましょう。

> ▶ 🖱️と🖱️で異なる機能が働く例
>
> 消去時の🖱️と🖱️
>
> | 線・円マウス(L)部分消し | 図形マウス(R)消去 |
> |---|---|
>
> 線・円の一部分を消すには🖱️　　線・円を丸ごと消すには🖱️
>
> ▶ 🖱️と🖱️で指示対象が異なる例
>
> 点指示時の🖱️と🖱️
>
> 線 部分消し 始点指示 (L)free (R)Read
>
> 点のない位置を指示するには🖱️
>
> 図面上の点を読み取るには🖱️

1 「消去」（図形消去）コマンドでの 🖱️と🖱️の使い分け

「消去」（図形消去）コマンドでは、はじめに対象を🖱️する場合と🖱️する場合では働きが異なります。

1 「消去」（図形消去）コマンドを🖱️。

POINT

「消去」（図形消去）コマンドでは、はじめにどのように消すかを指示するために🖱️と🖱️を使い分けます。線・円・文字を丸ごと消すには🖱️、線や円の一部分を消すにはその線・円を🖱️します。

2 部分消しの対象線として、右図の線を🖱️。

POINT

線や円の一部分を消すには、「消去」（図形消去）コマンドで、はじめに一部を消す線や円を🖱️し、次にどこからどこまでを消すかを指示します。**2**で誤って🖱️して消した場合は、「戻る」（元に戻す）コマンドを🖱️し、消す前の状態に戻してください。

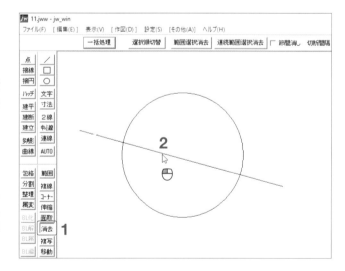

線・円マウス(L)部分消し	図形マウス(R)消去

部分的に消す線・円・円弧は🖱️　　丸ごと消す要素は🖱️

第2章 — 図面を見る・印刷する・保存する

➡ 🖱️した線が部分消しの対象線として選択色になり、操作メッセージは「線部分消し　始点指示（L）free（R）Read」になる。

POINT

消す範囲の始点と終点を指示します。図面上の点を始点にする場合は🖱️（Read）、点が存在しない位置を始点にする場合は🖱️（free）します。

3　消し始めの位置（部分消しの始点）として、右図の交点を🖱️（Read）。

POINT

線と円が交差した位置には🖱️で読み取りできる交点があります。また、線の両端には🖱️で読み取れる端点があります。🖱️で読み取りできる点については、p.54を参照してください。3で誤って🖱️した場合は、Escキーを押して1つ前の操作を取り消し、正しい位置で🖱️してください。

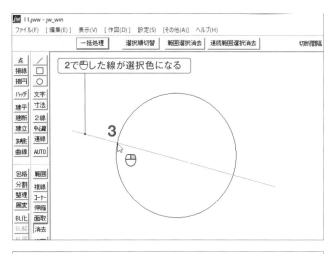

4　消し終わりの位置（部分消しの終点）として、右図の点のない位置で🖱️（free）。

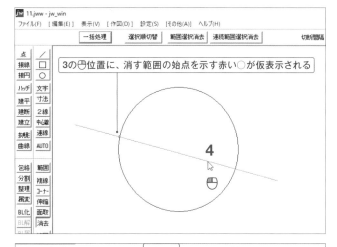

➡ 2で指示した線の3～4間が部分消しされる。

POINT

ここでは線の一部分を消去しましたが、円・円弧の一部分を消去する場合も手順は同じです。ただし、円・円弧の場合は、部分消しの始点⇒終点を左回り（反時計回り）で指示します。「消去」（図形消去）コマンドに限らず、円周上の2点を指示する場合、左回りで指示することが原則です。

12 図面上の距離や面積を測定する

「2」フォルダー
「12.jww」

★★★　「属性取得」を用いた正確な測定

図面上の2点間の距離や指定範囲の面積、角度などは、「測定」コマンドで正確に測定できます。

測定のとき、ステータスバーの「縮尺」ボタンの縮尺が測定対象の図と同じ縮尺になっていることが絶対条件です。「縮尺」ボタンの縮尺に換算して測定されるため、これらが違うと正確な距離は測定できません。測定前に測定対象を属性取得し、縮尺をそろえておくことを習慣づけておきましょう。

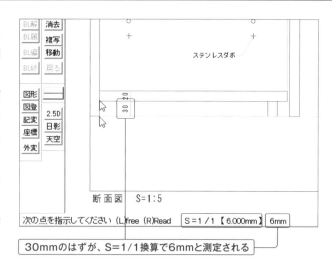

30mmのはずが、S=1/1換算で6mmと測定される

1 縮尺の確認と測定対象の属性取得

測定前にステータスバーの「縮尺」を確認し、測定対象の図と縮尺が違う場合は以下の属性取得を行います。

1 「属取」（属性取得）コマンドを🖱。

POINT
1の操作の代わりに、メニューバー［設定］―「属性取得」を🖱するか、Tabキーを押しても同じです。

2 属性取得の対象として、測定対象の線を🖱。

3 ステータスバーの「縮尺」が、**2**で🖱した線が作図されている縮尺に変更されたことを確認する。

POINT
ステータスバーの「縮尺」だけでなく、書込線も**2**で🖱した線と同じ線色・線種になります。「属性取得」の役割の詳細は、p.100を参照してください。

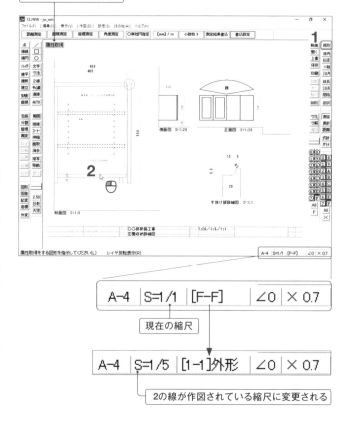

属性取得 と表示される

A-4 | S=1/1 | [F-F] | ∠0 | × 0.7

現在の縮尺

A-4 | S=1/5 | [1-1]外形 | ∠0 | × 0.7

2の線が作図されている縮尺に変更される

HINT　2で線を🖱すると下図のようなダイアログが開く場合には

メッセージのタイトル部分を確認してください。これによって次の操作が異なります。

ブロックの場合

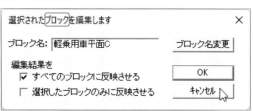

部分図の場合

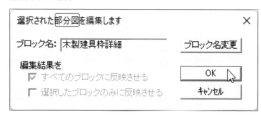

🖱した線がブロック（➡ p.104）のため、このダイアログが開きます。このダイアログが開いた時点で属性取得は完了しています。「キャンセル」ボタンを🖱して測定を行ってください。

🖱した線がSXFファイルの部分図（➡ p.64）のため、このダイアログが開きます。「OK」ボタンを🖱し、部分図の編集モードにして測定します（➡ p.65のHINT）。

2　直線距離を測定する

前項で属性取得した「断面図　S＝1：5」の扉の厚みを測定しましょう。

1　「測定」コマンドを🖱。

POINT

1の操作の代わりに、メニューバー［その他］－「測定」を🖱しても同じです。「測定」コマンドを選択すると、コントロールバー「距離測定」が選択されます。

2　コントロールバー「距離測定」が選択されていることを確認し、「mm/【m】」（測定単位m）ボタンを🖱して「【mm】/m」（測定単位mm）にする。

3　距離測定の始点として、扉の右下角を🖱（Read）。

POINT

正確に測定するには、点を🖱（Read）します。

4　次の点として、扉の左下角を🖱。

5　次の点として、背板の左下角を🖱。

POINT

続けて点を🖱することで、直前の点からの距離と合わせた累計距離も測定します。他の個所を測定するには、コントロールバー「クリアー」ボタンを🖱し、ここまでの測定を終了します。

次の点を指示してください (L)free (R)Read　S＝1／5【20.000mm】20mm

3～4の距離が表示される

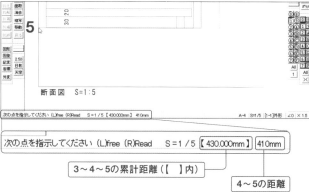

次の点を指示してください (L)free (R)Read　S＝1／5【430.000mm】410mm

3～4～5の累計距離（【 】内）

4～5の距離

3 面積を測定する

外周点を指示することで、点に囲まれた範囲の面積を測定できます。ここでは、「正面図S：1/20」の鏡の面積を測定し、図面上に記入しましょう。

1 測定対象を属性取得し、縮尺が「S＝1/20」になったことを確認する。

属性取得 ➡ p.48

2 「測定」コマンドのコントロールバー「面積測定」ボタンを🖱。

3 面積測定の始点として、右図の点を🖱。

4 次の点として、円弧の右端点を🖱。

POINT

4の点からつながる外形線が円弧のため、コントロールバー「(弧　指定」ボタンを🖱して円弧を指示します。

5 コントロールバー「(弧　指定」ボタンを🖱。

6 外周の円弧を🖱。

7 円上点（円弧の終点）を🖱。

8 コントロールバー「小数桁」ボタンを何度か🖱し、「小数桁0」にする。

POINT

「小数桁」ボタンを🖱することで、ステータスバーに表示される小数桁を「0〜4桁」、「有効桁(F)」に切り替えできます。

9 コントロールバー「測定結果書込」ボタンを🖱。

10 記入位置を🖱。

POINT

10の位置に測定結果が記入されます。測定結果の記入文字種などの指定は、測定前にコントロールバー「書込設定」ボタンを🖱して指定できます。

11 コントロールバー「クリアー」ボタンを🖱。

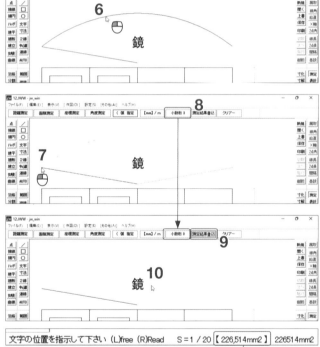

3〜4〜6〜7に囲まれた内部の面積（【　】内）が表示される

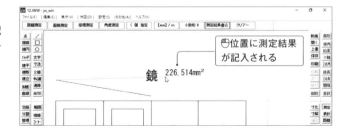

🖱位置に測定結果が記入される

4 間隔を測定する

線と線、線と点の間隔を測定するには、「測定」コマンドではなく「間隔」(間隔取得) コマンドを使用します。ここでは、正面図の扉枠の幅を測定します。「間隔」(間隔取得) コマンドの性質を理解するため、「／」(線) コマンドを選択した状態で使ってみましょう。

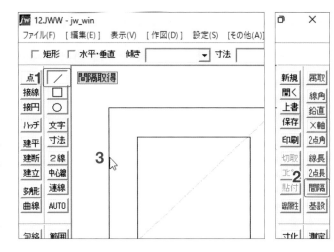

1 縮尺が測定対象と同じ「S=1/20」であることを確認し、「／」(線) コマンドを🖱。

2 「間隔」(間隔取得) コマンドを🖱。

3 基準線として、扉の左辺を🖱。

4 測定対象の線として、枠線を🖱。

POINT

点までの間隔を測定する場合は、4でその点を🖱します。

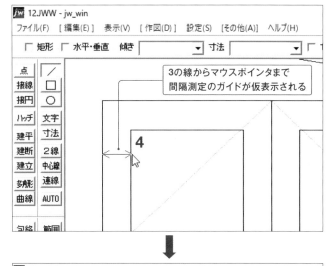

3の線からマウスポインタまで
間隔測定のガイドが仮表示される

POINT

「間隔」(間隔取得) コマンドでは、長さや距離を指定するコントロールバーの数値入力ボックスに、測定した間隔を取得します。「／」(線) コマンドに限らず、他のコマンドの選択時にも同様に利用できます。

> ❓ **こんなときはどうする?**
>
> ▶ 測定結果が図面上の寸法と違う ➡ p.224

「寸法」ボックスに測定結果が自動入力される

作図ウィンドウ左上に測定結果が表示される

13 2つの図面ファイルを比較して 違いを見つける

★☆☆

「ファイル比較」機能でJWWファイルを比較

「2」フォルダー
「13.jww」
「13a.jww」

「ファイル比較」機能を使う
と、ひと目では違いがわか
りにくい2つのJWWファイ
ル（図面）を比較し、どこが
変更されているのか、どこ
が違うのか、その相違点を
表示してくれます。

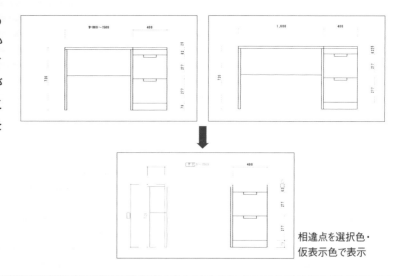

相違点を選択色・
仮表示色で表示

1 図面ファイルを比較する

「13.jww」を開き、同じフォルダーに収録され
ている図面ファイル「13a.jww」と比較して
みましょう。

1 メニューバー［ファイル］－「ファイル操
作」－「ファイル比較」を🖱。

2 コントロールバーの「図面比較」ボタンを
🖱。

第2章

図面を見る・印刷する・保存する

3 比較対象の図面ファイル「13a.JWW」を🖱️。

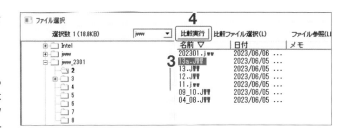

POINT

「ファイルの種類」ボックスの▼を🖱️し、リストから
ファイルの種類を指定できますが、比較できるのは
JWWファイルとJWCファイルのみです。JWWフ
ァイルとJWCファイルで比較を行うと、両者のデー
タ精度の違い（JWWファイルは倍精度、JWCファ
イルは単精度）から、すべてが違うデータと見なさ
れ比較になりません。必ず同じ形式のファイルどう
しで比較を行ってください。

4 「比較実行」ボタンを🖱️。

POINT

右図のように、相違点が作図ウィンドウに表示され
ます。ここでコントロールバー「変更部分作図」ボタ
ンを🖱️すると、仮表示色の部分（3の比較対象図面に
あって作図ウィンドウ上の図面にない部分）が現在
の書込レイヤに作図されます。また、コントロール
バー「図面比較」ボタンを🖱️すると「ファイル選択」
ダイアログが開き、他の図面を選択して再度比較で
きます。

5 「ファイル比較」コマンドを終了するた
め、「／」(線)コマンドを🖱️。

3の比較対象図面にあって作図ウィンドウ上の
図面にない部分は、仮表示色で表示される。

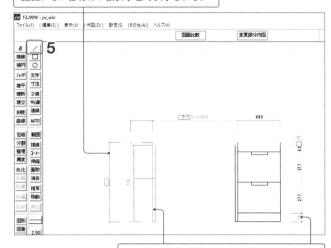

作図ウィンドウ上の図面で3の比較対象図面と
異なる部分が選択色で表示される。

HINT 「ファイル選択」ダイアログで図面ファイルをプレビューするには

上記3で図面ファイルを選択する前に、その内容を「ファイル参照」ウィンドウで確認できます。

1 「ファイル選択」ダイアログで図面フ
ァイル「13a.jww」を🖱️🖱️。

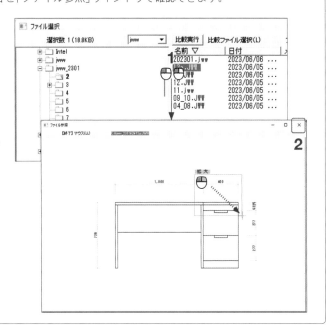

POINT

「ファイル参照」ウィンドウでは、🖱️↘拡大や🖱️↗
全体 の両ボタンドラッグによるズーム操作が行
えます。

2 内容を確認したら、右上の×を🖱️して
ウィンドウを閉じる。

13

2つの図面ファイルを比較して違いを見つける

53

XY座標と座標点の読み取り

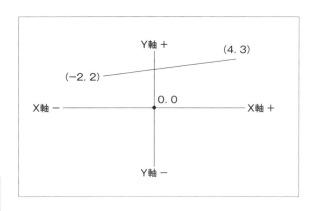

Jw_cadは、XとYの2つの軸を持つ2次元CADで、作図要素は(X,Y)の座標によって構成されています。

線は、その両端に「端点」と呼ばれる座標点(X,Y)を持っています。また、線と線が交差する位置には、「交点」と呼ぶ座標点が生じます。これらの座標点を🖱(Read)で読み取ることで、正確な作図が行えます。この機能のことをJw_cadでは「Read」(読み取り)と呼びますが、CADによっては「スナップ」と呼びます。ちなみに、点が存在しない位置を🖱(free)すると、そこに新たに座標点を作成します。

以下の図で、🖱で読み取りできる点を確認しましょう。

▶ 🖱で読み取りできる点

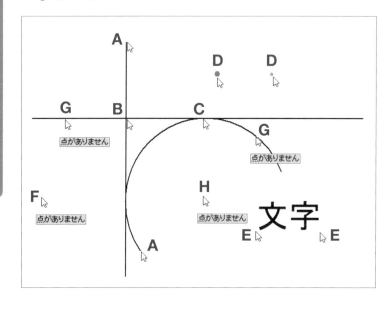

A　線・円弧の端点

B　交点

C　接点

D　実点・仮点

E　文字の左下と右下

何もない位置(F)や線上、円弧上(G)、円・円弧中心点(H)付近で🖱した場合、読取点が近くにないため 点がありません と表示される。

第2章 図面を見る・印刷する・保存する

第3章

他のCADと
ファイルの受け渡しをする

第3章では、他のCADから図面ファ
イルを受け取って開く、逆に他の
CADへ図面ファイルを渡すための
ノウハウを解説します。また、Jw_
cadの図形ファイルの利用方法も紹
介します。

★★★

Jw_cadで開くことができる ファイル

開くことができるファイル形式の種類と拡張子

「3」フォルダー

図面を作成するCADごとに図面のファイル形式は異なります。受け取ったファイルが、どのような種類のファイルで、Jw_cadで開けるのかは、そのファイル名「.」(ドット)の後ろに表示される「拡張子」で判断できます。

1 エクスプローラーで ファイルの拡張子を確認する

エクスプローラーで「3」フォルダーを表示して、どのような拡張子のファイルがあるのかを見てみましょう。

1 エクスプローラーを起動する。

2 「jww_2301」フォルダーを🖱️🖱️。

3 「jww_2301」フォルダー下の「3」フォルダーを🖱️。

HINT エクスプローラーで拡張子を表示するには

ファイルの拡張子が表示されない場合は、以下の設定を行ってください。

Windows 11の場合

1 「表示」(または「…」を🖱️し、「表示」)を🖱️。

2 プルダウンメニューの「表示」を🖱️。

3 チェックが付いていない「ファイル名拡張子」を🖱️。

Windows 10の場合

1 [表示]リボンタブを🖱️。

2 「ファイル名拡張子」にチェックを付ける。

▶ Jw_cadで開くことができるファイルの種類

※ ファイル名の前に表示されるアイコンは、関連付けされているプログラムによって異なります。

拡張子	ファイルの種類	Jw_cadで開くコマンド
18_20.JWW	**JWWファイル** Windows版Jw_cadの図面ファイル。	「開く」コマンド ➡ p.23
17.jwc	**JWCファイル** DOS版JW_CADの図面ファイル。DOS版JW_CADで作図した図面を100%同じ状態で開くことができる。	メニューバー［ファイル］－「JWCファイルを開く」
15-R12.DXF	**DXFファイル** AutoCADの異なるバージョン間でのファイル交換のために開発された汎用ファイル形式だが、異なるCAD間での図面ファイルの受け渡し用途に広く利用されている。	メニューバー［ファイル］－「DXFファイルを開く」➡ p.58
16.sfc	**SXF（SFC/P21）ファイル** 国土交通省主導で開発された図面ファイル形式。SFCとP21形式がある。	メニューバー［ファイル］－「SFCファイルを開く」➡ p.62
car-C.JWS	**JWSファイル** Windows版Jw_cadの図形ファイル。	メニューバー［その他］－「図形」で、編集中の図面に配置する ➡ p.66
carK.JWK	**JWKファイル** DOS版JW_CADの図形ファイル。	

HINT　Jw_cadでは直接開けない主なファイルの種類

以下の拡張子のファイルはCADデータを扱ううえでよく見かけますが、Jw_cadでは直接開けないファイルです。

※ ファイル名の前に表示されるアイコンは、関連付けされているプログラムによって異なります。

拡張子	ファイルの種類
15.pdf	**PDFファイル** アドビシステムズ社が開発した電子文書の標準フォーマット。基本的に内容を確認するためのファイルであり、編集するための図面ファイルではない。アドビシステムズ社が無償提供するソフトウェア「Adobe Reader」で閲覧・印刷ができる。
15.dwg	**DWGファイル** 「AutoCAD」の図面ファイル。Jw_cadで利用するには、AutoCADや、DWG⇒DXF変換が行えるソフトウェアでDXFに変換する必要がある。
14.bmp 16.tif	**BMP/JPEG/PNG/TIFFファイル** いずれも画像のファイル形式で、JPEG形式はデジタルカメラなどで広く利用されている。BMP形式の画像に限り、メニューバー［編集］－「画像編集」で図面に挿入できる。 ➡ p.131

15 DXFファイルを開く

★☆☆ DXFファイルの開き方と元図面との比較

「3」フォルダー
「15-R12.dxf」

DXFファイルは元来、バージョンの異なるAutoCAD間で図面ファイルを受け渡しするために開発された形式です。現在では、異なるCAD間での図面ファイルの受け渡しに広く利用されていますが、必ずしも元のCADで作図した図面を100%再現できるものではありません。

他のCADからのDXFファイルを受け取るときは、DXFファイルとともに、元のCADで印刷した状態がわかるPDFファイル（➡ p.236）、または印刷した図面を受け取りましょう。

1 開く前の準備 〜「DXF読込み」を設定する

DXF読込の設定を確認しましょう。

1 「基設」（基本設定）コマンドを🖱。

2 「jw_win」ダイアログの「DXF・SXF・JWC」タブを🖱。

3 「DXF読込み」欄の「図面範囲を読取る」にチェックを付ける。

4 「SXF読込み」欄の「背景色と同じ色を反転する」にチェックを付ける。

5 「OK」ボタンを🖱。

POINT

DXFファイルには、用紙サイズ、縮尺の情報はありません。3のチェックを付けると、開くときの用紙サイズに図面が収まるように縮尺を自動調整します。4にチェックを付けることで、Jw_cadの背景色と同じ色の線を色反転して表示します。この設定は、次に設定を変更するまで有効なので、ファイルを開くたびに確認する必要はありません。

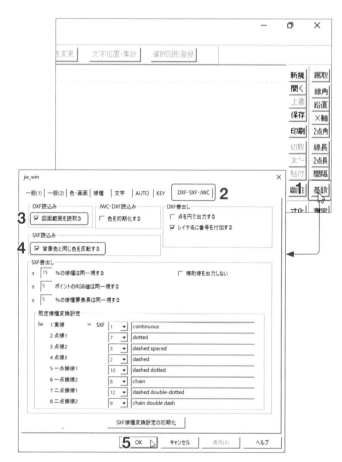

2 開く前の準備 ～用紙サイズを設定する

用紙サイズを、これから開くDXFファイルと
同じサイズ（ここではA3）に設定しましょう。

1 ステータスバー「用紙サイズ」ボタンを🖱。

2 リストから「A-3」を🖱で選択する。

POINT

設定できる用紙サイズは、リストの12種類で、すべ
て横向きです。用紙サイズは、作図途中でも変更で
きます。

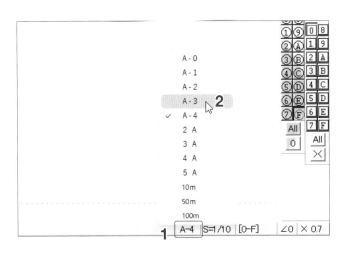

3 DXFファイルを開く

教材データのDXFファイル「15-R12.dxf」を
開きましょう。

1 メニューバー［ファイル］－「DXFファイ
ルを開く」を🖱。

2 フォルダーツリーで「jww_2301」フォ
ルダーを🖱🖱し、その下に表示される「3」
フォルダーを🖱。

3 サムネイル表示のDXFファイル「15-
R12」を🖱🖱。

→ DXFファイルが、次ページのように開く。

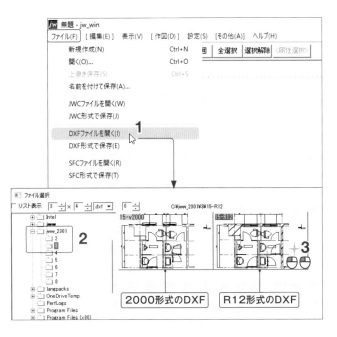

HINT　他のCADで保存されたDXFファイルを受け取るときの注意点

他のCADからDXFファイルを受け取る場合は、元のCADで印刷した
状態がわかるPDFファイルまたは印刷した図面も受け取ることが必須
です。
また、DXF保存するCAD側でDXFのバージョンが指定できる場合は、
R12形式で保存したDXFファイルを受け取ることも重要です。
なお、一般に広く利用されているのはASCII（アスキー）形式の2次元の
DXFファイルで、これはJw_cadでも開けます。3次元やバイナリー形
式のDXFファイルもありますが、それらはJw_cadでは開けないので
注意してください。

AutoCAD／PDFファイル／2次元・3次元／アスキー形式／バイナリー形式 ➡ p.236

▶ Jw_cadで開いたDXFファイル「15-R12.dxf」

ここでは、教材データのDXFファイルを例に、Jw_cadで開いたDXFファイルと、AutoCADで作図した元の図面（➡次ページ）との違いを見てみましょう。

Jw_cadで開いた「15-R12.dxf」

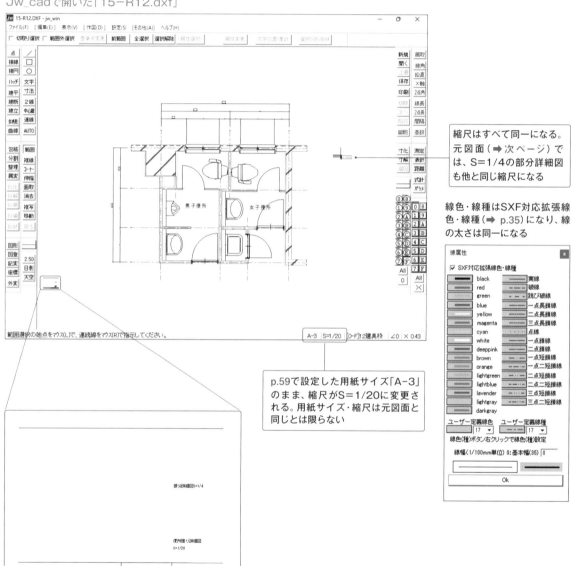

縮尺はすべて同一になる。元図面（➡次ページ）では、S＝1/4の部分詳細図も他と同じ縮尺になる

線色・線種はSXF対応拡張線色・線種（➡p.35）になり、線の太さは同一になる

p.59で設定した用紙サイズ「A-3」のまま、縮尺がS＝1/20に変更される。用紙サイズ・縮尺は元図面と同じとは限らない

ペーパー空間の「レイアウト1」に作図されていた図面枠は、用紙枠外に読み込まれる。ロゴの画像は欠落する

▶「DWG TrueView 2024」で開いた元の図面「15.dwg」

モデル空間

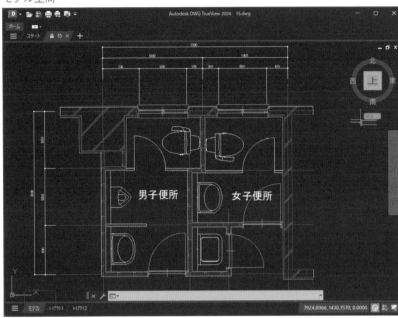

ペーパー空間

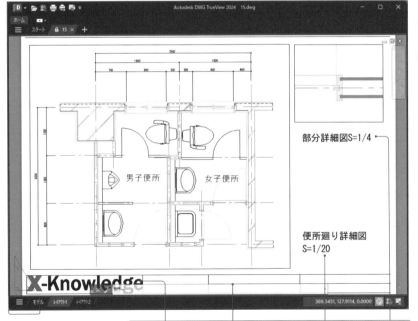

部分詳細図S=1/4

便所廻り詳細図
S=1/20

図面枠、図面名、画像は、ペーパー空間の「レイアウト1」に作図

教材データの「15-R12.dxf」は、AutoCADで作図した図面をR12形式のDXFファイルとして保存したものです。

左の2つの図は、AutoCADのDWGファイルやDXFファイルを表示・印刷する無償のソフトウェア「DWG TrueView 2024」で、元の図面ファイル「15.dwg」を表示した画面です。

DWG TrueView ➡ p.236

AutoCADでは、作図をする「モデル空間」(左上図)と、印刷のための用紙サイズ、縮尺、レイアウトを指定する「ペーパー空間」(左下図)があります(ペーパー空間は使わない場合もある)。

左下図の図面は、ペーパー空間の「レイアウト1」にA3用紙サイズを設定して図面枠を作図した範囲に、詳細図S=1/20、部分詳細図S=1/4でレイアウトしています。

15

DXFファイルを開く

> **? こんなときはどうする?**
>
> ▶ 作図ウィンドウに何も表示されない ➡ p.210
> ▶ 図面の寸法が合っていない ➡ p.224

SXFファイルを開く

★☆☆

SXF(SFC)ファイルの開き方と元図面との比較

「3」フォルダー
「16.sfc」

SXFファイルは、異なるCAD間での正確な図面ファイルの受け渡しを目的に、国土交通省主導で開発された図面ファイル形式です。電子納品のための「P21形式」と、関係者間での図面ファイルの受け渡しを行うための「SFC形式」があります。どちらも元の図面とほぼ同じ外観で開き、印刷もできますが、SXFファイルに定義付けられていても、それぞれのCADには定義が存在しない仕様が含まれていたりするため、元の図面と100%同じ状態で開けるわけではありません。

▶ ここで開くSXF(SFC)ファイル

以下は、教材データの「16.sfc」を、SXFファイルを表示・印刷するソフトウェア「Autodesk SXF Viewer 2014」で表示したところです。この図面ファイルをJw_cadで開き、比較してみましょう。

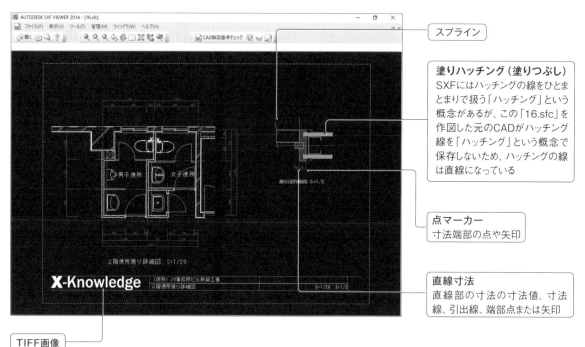

スプライン

塗りハッチング(塗りつぶし)
SXFにはハッチングの線をひとまとまりで扱う「ハッチング」という概念があるが、この「16.sfc」を作図した元のCADがハッチング線を「ハッチング」という概念で保存しないため、ハッチングの線は直線になっている

点マーカー
寸法端部の点や矢印

直線寸法
直線部の寸法の寸法値、寸法線、引出線、端部点または矢印

TIFF画像

1 開く前の準備 ～「SXF読込み」を設定する

SXF読込みの設定を確認しましょう。

1 「基設」(基本設定) コマンドを🖱。

2 「jw_win」ダイアログの「DXF・SXF・JWC」タブを🖱。

3 「SXF読込み」欄の「背景色と同じ色を反転する」にチェックを付ける。

4 「OK」ボタンを🖱。

POINT

「背景色と同じ色を反転する」のチェックを付けることで、Jw_cadの背景色と同じ色の線も色反転して表示されます。この設定は、次に設定を変更するまで有効なため、ファイルを開くたびに確認する必要はありません。

2 SXF (SFC) ファイルを開く

教材のSXF(SFC) ファイル「16.sfc」を開きましょう。

1 メニューバー[ファイル]−「SFCファイルを開く」を🖱。

2 フォルダーツリーで「jww_2301」フォルダーを🖱🖱し、その下に表示される「3」フォルダーを🖱。

3 サムネイル表示のSXF(SFC) ファイル「16」を🖱🖱。

POINT

P21形式の図面ファイルを開く場合は、**3**の前に「ファイルの種類」ボックスの▼を🖱し、表示されるリストの「p21」を🖱して、P21形式のファイルを表示する設定にします。

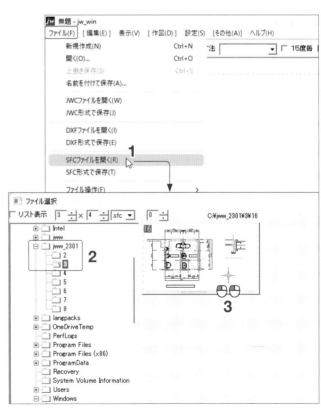

▶ Jw_cadで開いたSXF（SFC）ファイルと元の図面を比べてみる

ここでは、教材データのSXF（SFC）ファイルを例に、Jw_cadで開いたSXF（SFC）
ファイルの特徴を確認し、元の図面（➡ **p.62**）との違いを見てみましょう。

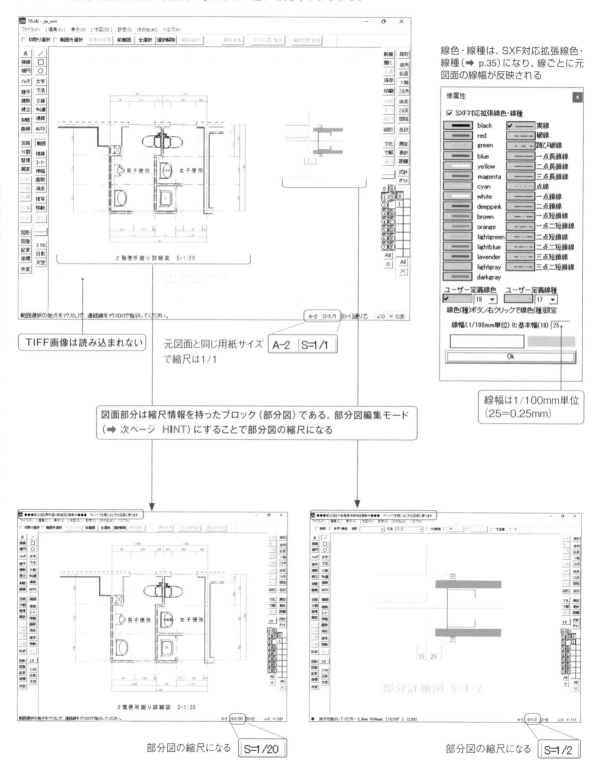

線色・線種は、SXF対応拡張線色・
線種（➡ p.35）になり、線ごとに元
図面の線幅が反映される

TIFF画像は読み込まれない

元図面と同じ用紙サイズ
で縮尺は1/1　A-2　S=1/1

線幅は1/100mm単位
（25=0.25mm）

図面部分は縮尺情報を持ったブロック（部分図）である。部分図編集モード
（➡ 次ページ　HINT）にすることで部分図の縮尺になる

部分図の縮尺になる　S=1/20

部分図の縮尺になる　S=1/2

第**3**章

他のCADとファイルの受け渡しをする

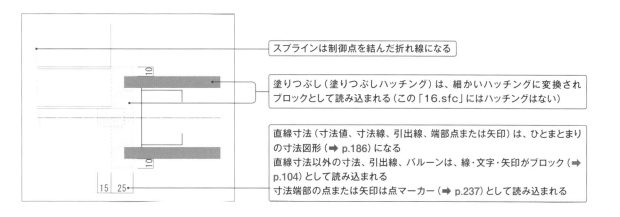

スプラインは制御点を結んだ折れ線になる

塗りつぶし（塗りつぶしハッチング）は、細かいハッチングに変換されブロックとして読み込まれる（この「16.sfc」にはハッチングはない）

直線寸法（寸法値、寸法線、引出線、端部点または矢印）は、ひとまとまりの寸法図形（➡ p.186）になる
直線寸法以外の寸法、引出線、バルーンは、線・文字・矢印がブロック（➡ p.104）として読み込まれる
寸法端部の点または矢印は点マーカー（➡ p.237）として読み込まれる

HINT SXFファイルの図面上の距離を測定するには

開いた図面の「縮尺」ボタンは「S＝1/1」です。部分詳細図（S＝1/2）上の寸法を正しく測定するには、対象の部分図を属性取得（➡ p.100）し、部分図の編集ウィンドウ（編集モード）で測定します。

1　「属取」（属性取得）コマンドを🖱。

2　測定対象の部分図の一部を🖱。

3　「選択された部分図を編集します」ダイアログの「OK」ボタンを🖱。

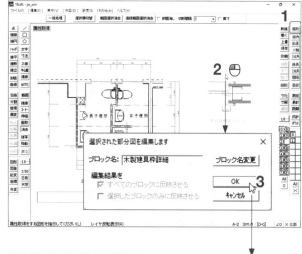

POINT

部分図の編集ウィンドウ（編集モード）になり、2で🖱した部分図以外の図面要素は編集できないため、グレー表示になります。また、部分図の編集ウィンドウで使用できないコマンドは、グレー表示されます。

4　図面を拡大表示して測定（➡ p.49）する。

5　測定が完了したら、右上の×（閉じる）を🖱。

2で🖱した部分図の編集ウィンドウになり、「縮尺」ボタンが部分図の縮尺になる

17 図形ファイルを読み込み 配置する

★☆☆

JWS/JWK ファイルの利用方法

「3」フォルダー
「17.jww」
「car-C.jws」
「carK.jwk」

拡張子が「jws」または「jwk」のファイルは、Jw_cadの図形ファイルです。図面ファイルではないため、エクスプローラーからファイル名を🖱️🖱️して開くことや、Jw_cadの「開く」コマンドから開くことはできません。Jw_cadの「図形」（図形読込）コマンドで、編集中の図面ファイルに読み込み、配置することで利用できます。

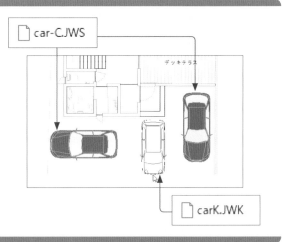

1 JWS形式の 図形ファイルを読み込む

図面「17.jww」を開き、そこに図形「car-C.jws」を読み込み、配置しましょう。

1 「図形」（図形読込）コマンドを🖱️。

POINT

1の操作の代わりに、メニューバー[その他]－「図形」を🖱️しても同じです。

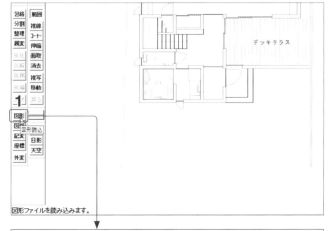

2 フォルダーツリーで「jww_2301」フォルダーを🖱️🖱️。

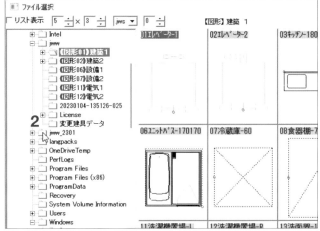

3 さらにその下に表示される「3」フォルダーを🖱。

4 図形「car-C」の枠内にマウスポインタを合わせて🖱🖱。

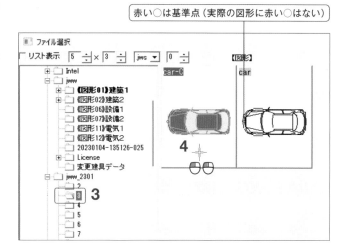

赤い○は基準点（実際の図形に赤い○はない）

5 図形の配置位置を🖱。

POINT

図面上の読み取り点に合わせて配置する場合は、**5** で読み取り点を🖱します。コントロールバー「図形選択」ボタンを🖱して他の図形を選択するか、もしくは他のコマンドを選択するまで、マウスポインタに同じ図形が仮表示されます。配置位置をクリック指示することで、続けて同じ図形を配置できます。

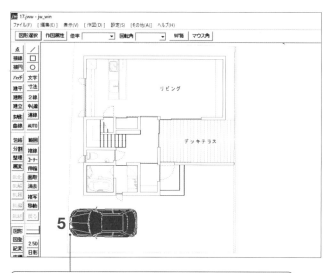

基準点をマウスポインタに合わせ図形「car-C」が仮表示される

6 コントロールバー「90°毎」ボタンを🖱。

POINT

角度は「ファイル選択」ダイアログのサムネイルに表示された図形の向きを0°とし、左回りで指示します。「90°毎」ボタンを🖱することで、「回転角」ボックスの角度が90°⇒180°⇒270°⇒0°（空白）に切り替わり、マウスポインタに仮表示される図形の角度も変更されます。

7 図形の配置位置を🖱。

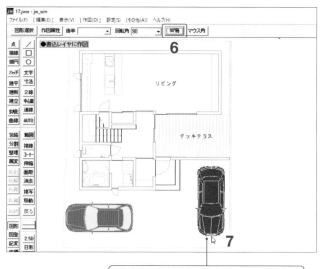

図形「car-C」が90°回転して仮表示される

2 JWK形式の 図形ファイルを読み込む

続けて、JWK形式の図形「carK.jwk」を読み込み、配置しましょう。

1 「図形」(図形読込)コマンドのコントロールバー「図形選択」ボタンを🖱。

2 「ファイルの種類」ボックスの▼を🖱し、リストから「.jwk」を🖱。

POINT

「ファイルの種類」ボックスで、図形の形式「JWS」⇔「JWK」を切り替えます。「.jwk」(JWK形式)は、DOS版JW_CADの図形ファイル形式です。

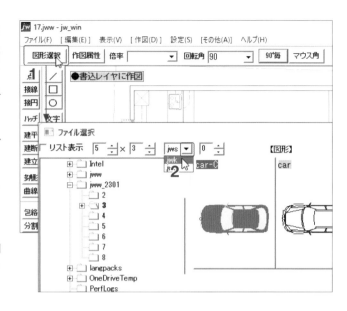

3 図形の枠内にマウスポインタを合わせて「carK」を🖱🖱。

> 表示する「ファイルの種類」がJWKに切り替わり、選択フォルダー内のJWK図形がサムネイル表示される

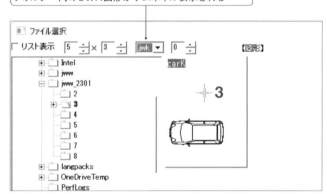

4 図形の配置位置を🖱。

POINT

「図形」(図形読込)コマンドを終了するには、「／」(線)コマンドを🖱します。

5 「／」(線)コマンドを🖱。

> 前ページ6で指定した回転角で仮表示される

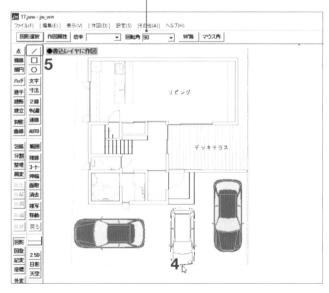

3 配置した図形を消去する

配置した2種類の図形を消去しましょう。

1 「消去」(図形消去)コマンドを🖱。

2 消去対象として、右図の線を🖱。

> [!POINT]
> **POINT**
> 線を丸ごと消すには🖱します。
>
> ➡ 🖱した線だけが消去される。

3 消去対象として、右図の線を🖱。

> ➡ 🖱した線だけでなく、自動車全体が消去される。

> [!POINT]
> **POINT**
> p.67で配置したJWS図形は、複数の要素をひとまとめにして1要素として扱える「ブロック」(➡ p.104)になっていたため、3の操作で自動車全体が消去されました。ブロックになっていないJWK図形では、🖱した線のみが消去されます。ブロックはWindows版Jw_cadから搭載された機能のため、DOS版JW_CADの図形形式のJWK図形にはありません。

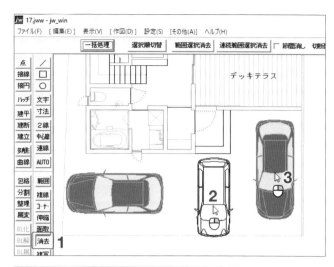

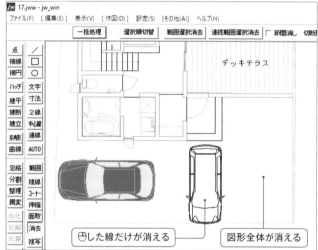

HINT 作図属性を設定して図形を配置

基本的に図形は、図形作成時の実寸、線色・線種で、書込レイヤ(➡ p.92)に作図されます。配置位置指示前にコントロールバー「作図属性」ボタンを🖱し、「作図属性設定」ダイアログで指定することにより、書込線色や線種で登録時のレイヤに配置することもできます。

A 文字を含んだ図形を配置するときにチェックを付けます。図形の大きさ変更と同じ割合で図形内の文字要素や点マーカ(➡ p.237)の大きさも変更します。JWK図形ファイルでは指示できません。

B チェックを付けることで、図形作成時のレイヤグループやレイヤに作図します。

C チェックを付けることで、書込線色や書込線種で作図します。ただし、ブロック(➡ p.104)には無効です。

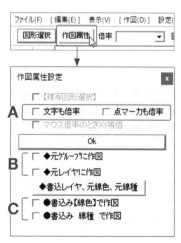

18 DXF ファイルで保存する

★☆☆　DXF ファイルの保存方法と注意点

「3」フォルダー
「18_20.jww」

Jw_cadで作図した図面を他のCADに渡すときに、一般的に利用されるのがDXFファイルです。ただし、Jw_cadで作図した図面を100%正確に渡せるものではありません。さまざまな違いが生じることや、図面の一部が欠落することもあります。そのような場合に備えて、DXFファイルとともにJw_cadで印刷した図面またはPDFファイル（➡ p.236）を渡しましょう。
JWWファイルをそのまま開くことができるCADに渡す場合は、JWWファイルで渡すことが基本です。

1 保存前の準備 ～印刷線色を設定する

保存するJWWファイルを開き、印刷色を初期化しましょう。

1 「基設」（基本設定）コマンドを🖱。

2 「jw_win」ダイアログの「色・画面」タブを🖱。

POINT

DXF保存時の線色は、カラー印刷線色で保存されます。線色1～8を使い分けて作図した図でも、カラー印刷色の指定がすべて「黒」になっていると、保存したDXFファイルのすべての線色が「黒」になります。ここでは、線色1～8のカラー印刷色を初期値の画面表示に準じた色に一括変更します。

3 「色彩の初期化」ボタンを🖱。

4 「プリンタ出力色」ボタンを🖱。

5 「OK」ボタンを🖱。

70

2 DXFファイルとして保存する

DXFファイルとして保存しましょう。

1. メニューバー[ファイル]ー「DXF形式で保存」を🖱。

2. 「ファイル選択」ダイアログで保存先のフォルダーを選択し、「新規」ボタンを🖱。

3. 「名前」を確認または必要に応じて変更し、「OK」ボタンを🖱。

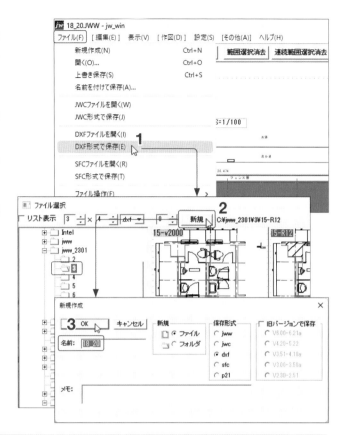

HINT DXFファイルとして保存する場合の注意点

DXFファイル保存時に正しく保存されない要素と、問題が生じる可能性のある要素について説明します。

画像
保存されません。

円ソリッド（➡ p.127のHINT）
保存されません。

特殊文字・埋め込み文字（➡ p.237）
他のCADでは正しく表示されません。

仮点
印刷される点として保存されるので、不要な仮点は消しておきます（➡ p.162）。

寸法の実点
実点がないCADにDXFファイルを渡す場合は、基本設定のダイアログの「DXF・SXF・JWC」タブの「DXF書出し」欄の「点を円で出力する」にチェックを付けてDXF保存します。実点が円に変換され、DXF保存されます。

レイヤ名
相手のCADによっては、レイヤ名が原因でDXFファイルを開けない場合があります。そのため、レイヤ名には「＃」や「,」「.」などの記号を使用しないようにします。相手のCADが日本語のレイヤ名に対応していない場合は、レイヤ名は半角英数文字にしておきます（➡ p.93）。

補助線・Jw_cad特有のランダム線・SXF対応拡張線種のユーザー定義線種

読み込む側のCADによっては、補助線やJw_cad特有のランダム線（➡ p.237）などの線種や、SXF対応拡張線種のユーザー定義線種（➡ p.226）が原因で、DXFファイルが開けない場合があります。補助線は保存前に消去し（➡ p.163）、Jw_cad特有のランダムラインやSXF対応拡張線種のユーザー定義線種は他の線種に変更しておくことをお勧めします。

※保存したDXFファイルは、Jw_cadで開いて（➡ p.58）確認できます。ただし、正しく伝わらないはずの要素がJw_cad上で正しく表示されてしまうなど、Jw_cadで開いて確認した状態と他のCADで開いた状態が同じになるとは限りません。どのように保存されたかを正確に確認したい場合には、「DWG TrueView」（➡ p.236）で開いて確認することをお勧めします。

SXFファイルで保存する

★☆☆

SXF（SFC）ファイルの保存方法と注意点

「3」フォルダー
「18_20.jww」

DXFファイルと同様、SXF（SFC）ファイルで保存して渡す場合も、Jw_cadで作図した図面を100％正確に渡せるものではありません。ただし、DXFファイルで渡すよりも、Jw_cadの元図面に近い見た目で渡せる可能性が高いです。

1 保存前の準備 〜印刷線色を設定する

保存するJWWファイルを開き、印刷色の初期化をしましょう。

1 「基設」（基本設定）コマンドを🖱。

2 「jw_win」ダイアログの「色・画面」タブを🖱。

POINT

線色1〜8の線色は、画面表示の線色ではなく、「基本設定」の「色・画面」タブの「プリンタ出力要素」欄で指定した印刷色の線色で保存されます。線幅も「色・画面」タブの「プリンタ出力要素」欄で指定した印刷線幅（「DXF・SXF・JWC」タブの設定による）で保存されます。

3 「色彩の初期化」ボタンを🖱。

4 「プリンタ出力色」ボタンを🖱。

5 「OK」ボタンを🖱。

72

2 SXF（SFC）ファイルとして保存する

SFC形式のSXFファイルとして保存しましょう。

1 メニューバー［ファイル］－「SFC形式で保存」を🖱。

2 「ファイル選択」ダイアログで保存先のフォルダーを選択し、「新規」ボタンを🖱。

3 「新規作成」ダイアログで「名前」を確認または必要に応じて変更し、「OK」ボタンを🖱。

POINT

「新規作成」ダイアログの「保存形式」欄で「p21」を選択し、「OK」ボタンを🖱することで、P21形式のSXFファイルとして保存されます。

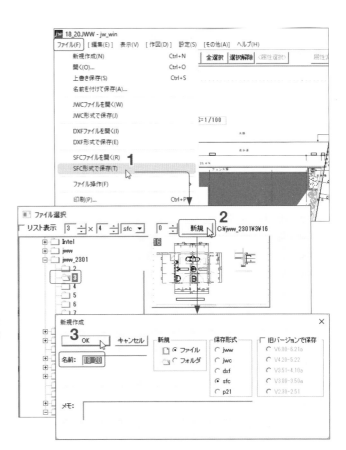

HINT　SXFファイルとして保存する場合の注意点

SXFファイル保存時に正しく保存されない要素や、保存前に細かく設定できる項目について説明します。

画像
保存されません。

円ソリッド（➡ p.127のHINT）
正常に保存されないので、保存前に消すことを推奨します。

特殊文字・埋め込み文字（➡ p.237）
他のCADでは正しく表示されません。

仮点
印刷される点として保存されるので、不要な仮点は消しておきます（➡ p.162）。

レイヤ・レイヤグループ
図面は、レイヤグループごとに部分図（➡ p.64）として保存されます。図面ファイル内に同じレイヤ名のレイヤが2つ以上ある場合、1つのレイヤに統合されます。

線種
標準線種1〜9、ランダムラインなどはSXF対応拡張線種に変換されて保存されます。Jw_cad標準の8種の線種については、メニューバー［設定］－「基本設定」の「DXF・SXF・JWC」タブの「SXF書出し」欄の「既定線種変換設定」欄で、変換するSXF対応拡張線種の指定ができます。

チェックを付けることで、補助線を保存しない

同一線幅・線色・線種として判断する幅を指定

標準線種をどのSXF対応拡張線種に変換するか指定

古いバージョンの Jw_cad で開けるように保存する

★☆☆ 旧バージョンの JWW 形式でファイル保存

「3」フォルダー
「18_20.jww」

Jw_cadは、過去にバージョンアップされたときに図面の保存形式であるJWW形式の内容が何度か変更されています。そのため、旧バージョンのJw_cadでは、それより新しいJw_cadで保存した図面ファイルを開けないことがあります。旧バージョンのJw_cad、または旧バージョンのJWWファイルにだけ対応しているCADに図面ファイルを渡す場合、相手のバージョンに合わせ、旧バージョンのJWW形式で保存します。

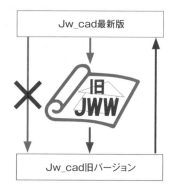

第3章 | 他のCADとファイルの受け渡しをする

1 保存前の準備 ～画像を分離する

旧バージョンで保存する図面ファイルを開き、図面上に同梱された画像（➡ p.132）がある場合には、画像の分離をしておきましょう。

1 メニューバー [編集] ー「画像編集」を🖰。

2 コントロールバー「相対パス」にチェックを付ける。

3 「画像分離」ボタンを🖰。

4 分離画像の保存先を示すウィンドウが開くので、「OK」ボタンを🖰。

5 分離完了のメッセージウィンドウが開くので、「OK」ボタンを🖰。

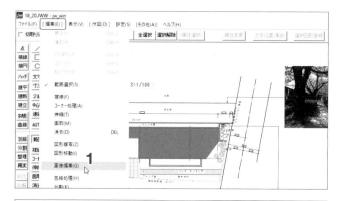

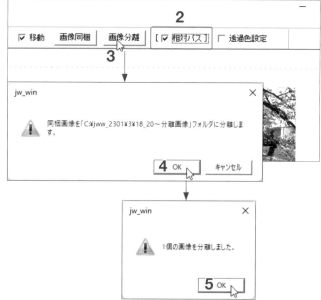

JWWファイルを収録しているフォルダー内に作られた「ファイル名～分離画像」フォルダー内に、図面内の画像がBMP画像ファイルとして分離されます。

このあと保存する旧バージョン形式のJWWファイルと一緒に、このフォルダーも相手に渡します。

エクスプローラーで見ると、「3」フォルダー内に「18_20～分離画像」
フォルダーが作成され、分離された画像が収録されている

HINT **Jw_cadのバージョン確認方法と旧バージョン形式で保存時の注意点**

使用しているJw_cadのバージョンは、以下の手順で確認できます。

1 メニューバー［ヘルプ］－「バージョン情報」を🖱。

2 「バージョン情報」ダイアログで、「Version」の後ろの数値とアルファベットを確認し、「OK」ボタンを🖱。

POINT

「Version」の後ろの数値とアルファベットがバージョンを示します。

バージョン ➡ p.237

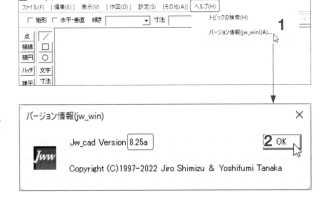

旧バージョン形式は以下の図の5種類です。

```
● V6.00-6.21a
○ V4.20-5.22
○ V3.51-4.10a
○ V3.00-3.50a
○ V2.30-2.51
```

6.21a以前のバージョンで保存する場合の注意
同梱された画像は保存されないため、図面ファイルから画像を分離したうえで保存する。

4.10a以前のバージョンで保存する場合の注意
● SXFタイプの寸法図形（➡ p.186）の引出線と端部矢印（または端点）は保存されないため、SXFタイプの寸法図形は解除（➡ p.204）したうえで保存する。
● SXF対応拡張線色1～8はJw_cadの標準線色に、線色9以降は補助線色になる。
● SXF対応拡張線種はすべて破線倍長線種（➡ p.237）になる。
● ブロックにSXF対応拡張線色・線種が使われていると、これらの線が表示されない場合がある。SXF対応拡張線色・線種を使ったブロックは解除（➡ p.165）してから保存すること。

2 旧バージョン形式で保存する

旧バージョン形式で保存しましょう。

1 「保存」(名前を付けて保存)コマンドを🖱。

2 「ファイル選択」ダイアログのフォルダー
ツリーで保存先のフォルダーを選択し、
「新規」ボタンを🖱。

3 「新規作成」ダイアログの「旧バージョン
で保存」にチェックを付ける。

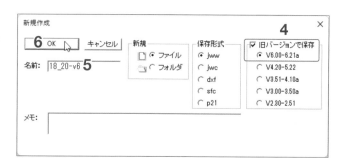

4 相手のJw_cadのバージョンに合わせ、
保存するバージョン(右図では「V6.00
−6.21a」)を🖱で選択する。

5 「名前」ボックスの名前を変更する。

POINT

開いた図面ファイルと同じ名前で同じフォルダーに
保存した場合、旧バージョン形式で上書き保存され
るため、「名前」は元の図面ファイルとは異なる名前
を入力します。

6 「OK」ボタンを🖱。

7 旧バージョンで保存するメッセージウィ
ンドウが開くので、「はい」ボタンを🖱。

POINT

保存図面内にSXFタイプの寸法図形が存在する場
合、この後、「寸法図形の矢印と引出線は保存されま
せんでした」のメッセージウィンドウが開くので、
「OK」ボタンを🖱してください。Jw_cadを終了する
まで「旧バージョンで保存」のチェックは有効になっ
ています。JWW形式で名前を付けて保存や上書き
保存するときは注意してください。

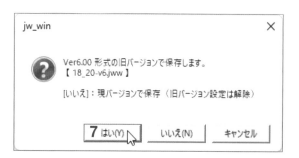

第3章 他のCADとファイルの受け渡しをする

HINT　分離画像収録フォルダーと図面ファイルを一緒にメール添付するには

画像が挿入されたJw_cad図面を旧バージョン形式で渡す場合、JWWファイルと共に、分離した画像が収録されたフォルダーを渡す必要があります。フォルダーをそのままメールに添付することはできないので、以下の手順で、JWWファイルと画像が収録されたフォルダーを1パッケージのZIPファイルにして添付します。

1　エクスプローラーを起動し、旧バージョン形式で保存したJWWファイルが収録されているフォルダーを開く。

2　分離画像を収録したフォルダーを🖱。

3　Ctrlキーを押したまま旧バージョン形式のJWWファイルを🖱。

POINT
Ctrlキーを押したまま別のファイルを🖱することで、追加選択されます。

2のファイルが選択される

3のファイルが追加選択される

4　選択したファイルを🖱。

5　「ZIPファイルに圧縮する」を🖱。

POINT
Windows 10では、**5**で「送る」を🖱し、さらに表示されるメニューの「圧縮（zip形式）フォルダー」を🖱します。

6　ZIPファイルが作成され、その名前が反転表示されるので、Enterキーを押して確定する。

POINT
Enterキーを押す前に、キーボードから入力することで、ZIPファイルのファイル名を変更できます。

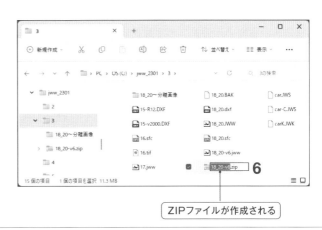

ZIPファイルが作成される

21 複数のファイルをまとめて 違う形式に変換する

★☆☆

「ファイル一括変換」機能の使い方

「2」フォルダー
「jwwファイル」

「ファイル一括変換」機能を使うことで、複数のファイルを一括して他の形式のファイルに変換できます。ファイルの一括変換では、Jw_cadで開くことができるJWW/JWC/DXF/SFC/P21のファイルを、それらのいずれかの形式に一括変換します。
また、JWK図形ファイルをJWS図形ファイルに一括変換することもできます。

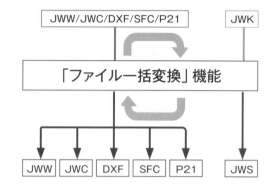

1 JWWファイルを DXFファイルに一括変換する

「jww_2301」フォルダーの「2」フォルダー内のJWWファイルを、DXFファイルに一括変換しましょう。

1 メニューバー[ファイル]－「ファイル操作」－「ファイル一括変換」を🖱。

2 「ファイルの種類」ボックスの▼を🖱し、リストから変換元のファイル形式として「jww（*.jww）」を🖱。

POINT

2の指示に従ってJWWファイルだけが表示されます。ここで「jwk（*.jwk）」を選択すると、変換先のファイルの種類の指定に関わらず、選択したJWK図形ファイルがJWS図形ファイルに一括変換されます。

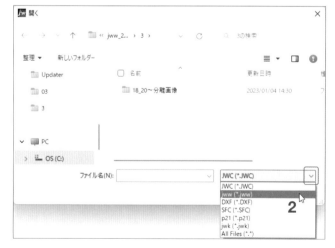

3 「ファイルの場所」を「jww_2301」フォルダー下の「2」フォルダーにする。

POINT

変換元と同じ場所に変換後の図面ファイルも作成されます。CD-ROMなど書き込みできないメディアに収録されている図面ファイルを変換する場合は、それらの図面ファイルをローカルディスクのフォルダーにコピーしてから変換してください。

4 先頭（選択開始）のファイルを🖱。

5 Shiftキーを押したまま末尾（選択終了）のファイルを🖱。

POINT

最初のファイルを🖱した後、Shiftキーを押したまま最後のファイルを🖱することで、その間のすべてのファイルもまとめて選択できます。また、複数ファイルを個別に選択する場合は、Ctrlキーを押したまま🖱で選択します。

6 「開く」ボタンを🖱。

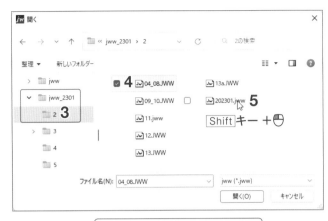

4から5のファイルすべてが選択される

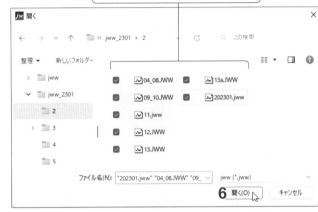

7 「ファイル一括変換」ダイアログの「変換先」項目で、変換後のファイル形式として「dxf」を🖱。

8 「OK」ボタンを🖱。

POINT

「上書き確認」にチェックを付けると、同じフォルダーに同じ名前のファイルが存在するときには、上書きを確認するダイアログがファイルごとに表示されます。

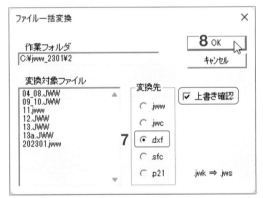

9 変換が完了すると「確認」ダイアログが開くので、「OK」ボタンを🖱。

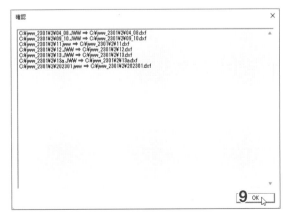

COLUMN Jw_cad図面をPDFファイルにする方法

異なるCAD間での図面データの受け渡しに広く利用されているDXFファイルですが、開いたときに「作図ウィンドウに何も表示されない」「縮尺や寸法が合わない」ということが頻繁に起こります。そうした場合の対処法を第9章の67、68、69、77で紹介していますので、必要に応じて参照してください。

こうした問題もあるため、DXFファイルの受け渡しのときには元の図面内容が確認できるよう、PDFファイル（➡ p.236）も一緒に受け渡すことをお勧めします。以下にJw_cad図面をPDFファイルとして保存する方法を説明します。

なお、DXF/SFCファイルの図面要素は、SXF対応拡張線色・線種になります。これらをJw_cadの標準線色・線種に変更する方法を第6章の45、第9章の76で紹介していますが、すべての線色・線種をそれぞれ変更するのは、かなり面倒です。その作業の効率化を図るため、Jw_cadとは別の外部変形プログラムや変換ソフトを用いて一括変換する方法について、別書『Jw_cad 8を仕事でフル活用するための88の方法』で紹介しています。必要に応じて参照してください。

▶ 図面をPDFファイルとして保存するには

「印刷」コマンドで、Windows 10/11に標準搭載されている「Microsoft Print to PDF」をプリンターに指定し、印刷操作をすることで、PDFファイルとして保存できます。

ここでは、p.30の「06　図面を印刷する」の印刷手順を元に説明します。

1 「印刷」コマンドを🖱。

2 「プリンターの設定」ダイアログの「プリンター名」ボックスの▼を🖱し、リストから「Microsoft Print to PDF」を🖱。

3 p.30 〜 31の**3** 〜 **6**を行う。

　➡「印刷結果を名前を付けて保存」ダイアログが開く。

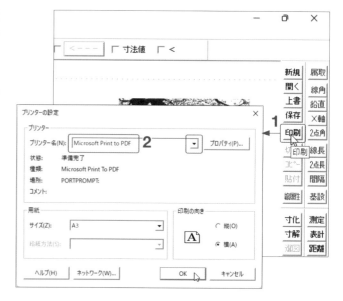

4 「印刷結果を名前を付けて保存」ダイアログで保存場所を指定する。

5 「ファイル名」ボックスに名前（図面ファイル名と同じでよい）を入力する。

6 「保存」ボタンを🖱。

　➡ **4**で指定した保存場所に、**5**で入力した「ファイル名.pdf」が保存される。

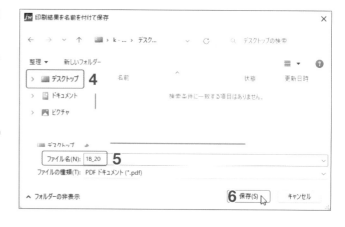

第4章

図面を加工するための
基礎知識

第4章では、Jw_cadで図面に加筆・
編集するうえで知っておきたい図
面の構成要素や、レイヤ／レイヤグ
ループ、属性などの概念について解
説します。少しでも図面に手を加え
ようという人は必読です。

Jw_cadの図面は
こんな部品でできている

★★☆　図面を構成する要素の種類とその消去

「4」フォルダー
「22_23.jww」

手描きの図面を構成する部品＝要素は、線、円・円弧、文字です。Jw_cad図面もほぼ同じで、線、円・円弧、文字、点、ソリッド（塗りつぶし部分）が「基本要素」になります。

また、Jw_cadの曲線は、短い線分の集まりで構成されており、それらをひとまとまりで扱うための「曲線属性」が付加されています。このように複数の基本要素をひとまとめで扱うものを、本書では便宜上「複合要素」と呼びます。

ここでは、Jw_cad図面の基本要素と複合要素の消去操作を通して、それぞれの特性などを確認しましょう。

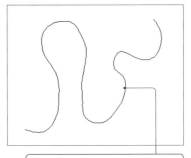

曲線は短い線分（基本要素）の集まりにより構成されている

1　開いた図面の要素数を確認する

教材図面「22_23.jww」を開き、作図されている線、円、文字などの要素数を確認しましょう。

1　「基設」（基本設定）コマンドを🖱。

2　「jw_win」ダイアログの「一般（1）」タブを🖱。

3　最下行の要素欄の数を確認する。

POINT

「jw_win」ダイアログの「一般（1）」タブの最下行で、編集中の図面に作図されている線、円、文字要素などの数を確認できます。

4　確認したら「OK」ボタンを🖱。

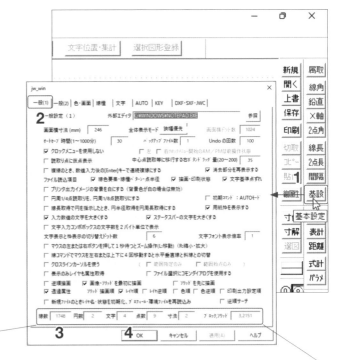

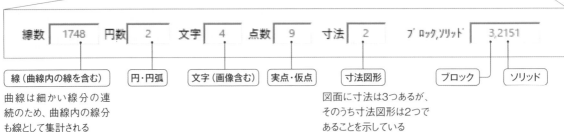

| 線数 | 1748 | 円数 | 2 | 文字 | 4 | 点数 | 9 | 寸法 | 2 | ブロック,ソリッド | 3,2151 |

- 線（曲線内の線を含む）
  曲線は細かい線分の連続のため、曲線内の線分も線として集計される
- 円・円弧
- 文字（画像含む）
- 実点・仮点
- 寸法図形
  図面に寸法は3つあるが、そのうち寸法図形は2つであることを示している
- ブロック
- ソリッド

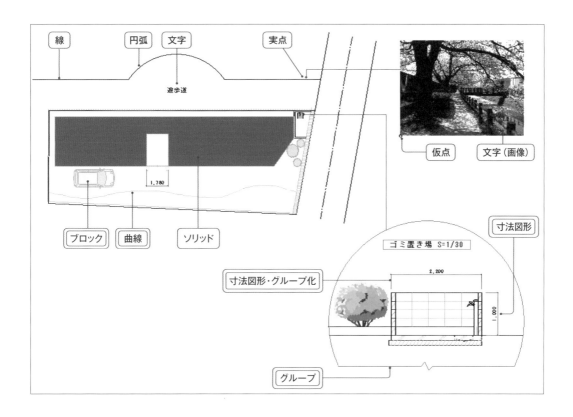

▶ 基本要素　上図の[　　　]

線
ハッチングの線、寸法線、寸法補助線（引出線）、寸法端部の矢印などもすべて線要素である。曲線も短い線の集まりで構成されている。

円・円弧
円・円弧、楕円・楕円弧。

実点・仮点
実点は印刷される点。仮点は印刷されず、編集操作の対象にもならない点。

文字
記入時の1行（「1文字列」と呼ぶ）を編集の最小単位とする。Jw_cadでは、画像も文字要素として扱われる。

ソリッド
「ソリッド図形」コマンドでは、指定範囲を三角形に分割して塗りつぶす。その塗りつぶし部分を「ソリッド」と呼ぶ。塗りつぶし時に指示することで、三角形に分割されて塗りつぶされたソリッドをひとまとまりの1要素として扱う「曲線属性」を付けられる。

▶ 複合要素　複数の要素をひとまとまりとして扱う属性が付いた要素。上図の[　　　]

ブロック
複数の要素をひとまとまりとして基準点を指定し、名前が付けられている（**➡ p.104**）。

寸法図形
寸法図形にする設定で記入した寸法線とその寸法値が1セットになっている（**➡ p.186**）。

曲線（属性）
「曲線」コマンドで作図した曲線、「日影図」コマンドで作図した日影線、「曲線属性化」指定をしたソリッドに付く。任意の要素にも付加できる（**➡ p.104**）。

グループ
グループ化を指示して作図された線記号や寸法部分（**➡ p.104**）。

2 各要素を消去する

図面上の線、円、文字などの要素を1つずつ消去し、どのように消去されるかを確認しましょう。

1 「消去」(図形消去) コマンドを🖱。

POINT

「消去」(図形消去) コマンドは、🖱した要素を丸ごと消去します。

2 右図の線を🖱。

3 円弧を🖱。

4 文字を🖱。

5 実点を🖱。

6 画像を🖱。

POINT

画像は、その左下付近を🖱します。画像上で🖱しても「図形がありません」と表示され、消去されません。

7 ソリッドを🖱。

8 仮点を🖱。

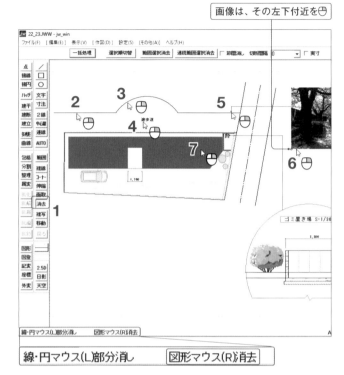

画像は、その左下付近を🖱

線・円マウス(L)部分消し　　図形マウス(R)消去

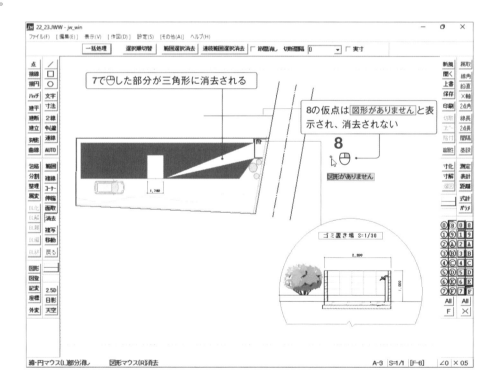

7で🖱した部分が三角形に消去される

8の仮点は「図形がありません」と表示され、消去されない

図形がありません

POINT

7で🖱したソリッドには曲線属性が付いていないため、🖱した三角形部分だけが消去されます。**8**で🖱した仮点は編集対象にならないため、🖱で消去はできません。
仮点の消去 ➡ p.162

9 自動車を🖱。

10 曲線を🖱。

11 水平方向の寸法線を🖱。

12 垂直方向の寸法線を🖱。

13 右図の水平線を🖱。

POINT

9の自動車はブロック、10は曲線、11は寸法部がグループ化され、12は寸法線と寸法値が1セットの寸法図形、13はグループ化された切断記号の一部のため、🖱で全体が消去されます。このように複数の要素が1要素として扱われる複合要素があることを知っておいてください。

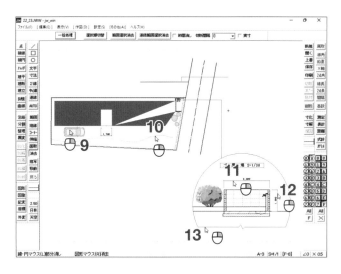

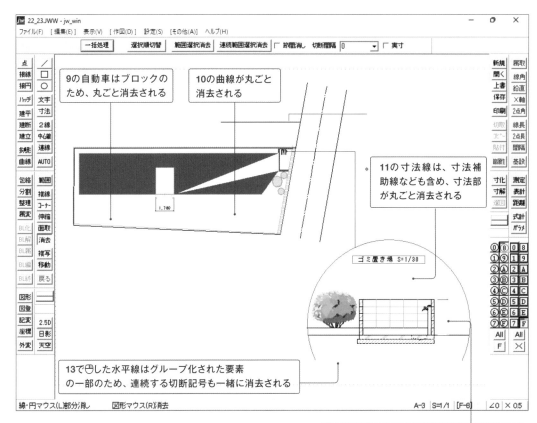

9の自動車はブロックのため、丸ごと消去される

10の曲線が丸ごと消去される

11の寸法線は、寸法補助線なども含め、寸法部が丸ごと消去される

13で🖱した水平線はグループ化された要素の一部のため、連続する切断記号も一緒に消去される

12で🖱した寸法線とその寸法値が消去される（寸法補助線、寸法線の端部の実点は残る）

14 「基設」(基本設定)コマンドを🖱し、「jw_
　win」ダイアログの「一般(1)」タブの最
　下行にある要素欄の数の変化を確認する。

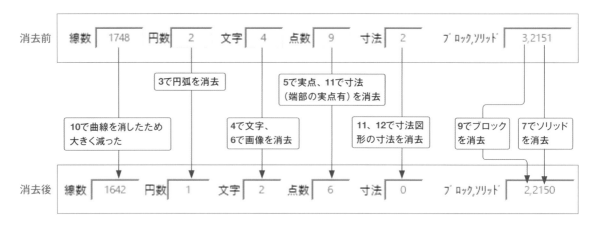

消去前	線数 `1748`	円数 `2`	文字 `4`	点数 `9`	寸法 `2` ブロック,ソリッド `3,2151`

3で円弧を消去

5で実点、11で寸法
（端部の実点有）を消去

10で曲線を消したため
大きく減った

4で文字、
6で画像を消去

11、12で寸法図
形の寸法を消去

9でブロック
を消去

7でソリッド
を消去

消去後	線数 `1642`	円数 `1`	文字 `2`	点数 `6`	寸法 `0` ブロック,ソリッド `2,2150`

第4章 図面を加工するための基礎知識

HINT　複合要素の見分け方

「消去」(図形消去)コマンドで🖱すると丸ごと消去される複合要素の一部だけを消すには、まず複合要素を分解する必要があります。分解方法は、複合要素の種類によって異なります。
その種類は、「コーナー」コマンドで🖱したときに表示されるメッセージで判別できます。

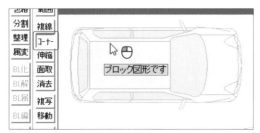

ブロックの分解方法 ➡ p.165

曲線属性の分解方法 ➡ p.164

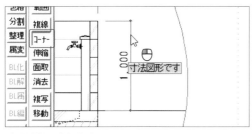

寸法図形の分解方法 ➡ p.204

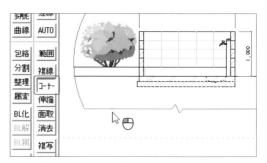

グループの線・円弧要素は「コーナー」コマンドで編集できるため、メッセージは表示されず、線が選択色になります。
Esc キーを押して🖱操作を取り消してください。
グループの分解方法 ➡ p.164

3 消去を取り消し、消去前に戻す

消去操作を取り消し、画像を消去する前の状態まで戻しましょう。

1 「戻る」(元に戻す) コマンドを🖱。

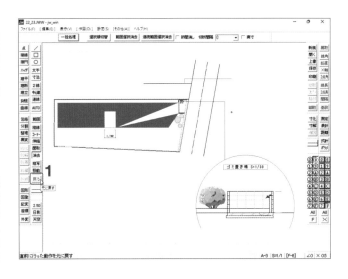

「戻る」(元に戻す) コマンドは、直前の作図・編集操作を取り消し、操作前に戻します。「戻る」(元に戻す) コマンドの対象になるのは、作図・編集操作に限ります。拡大表示などの表示関連操作や属性取得、書込線の指定など、設定関連の操作は元に戻りません。また、「戻る」(元に戻す) コマンドを🖱する代わりに、Escキーを押しても同じ働きをします。

➡ 1つ前に消去した下辺の切断記号が元に戻る。

「戻る」(元に戻す) コマンドを🖱した回数分、作図・編集の操作を取り消し、操作前に戻ることができます。

2 「戻る」(元に戻す) コマンドを何度か🖱し、画像を消去する前まで戻す。

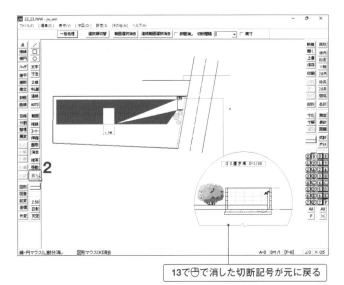

13で🖱で消した切断記号が元に戻る

「戻る」(元に戻す) コマンドを余分に🖱して、戻り過ぎた場合には、メニューバー [編集] −「進む」を🖱することで、戻す前の状態を復元できます。

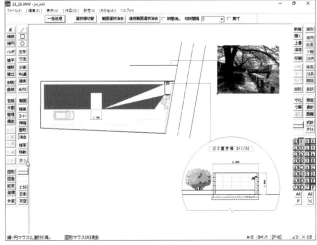

複数の線や図形などを選択する

★★☆　　複数の要素の選択と消去

「4」フォルダー
「22_23.jww」

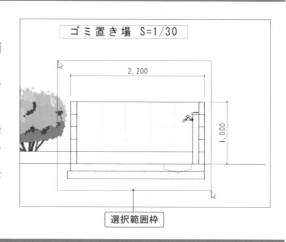

ゴミ置き場 S=1/30
2,200
1,000
選択範囲枠

p.86の22では、「消去」(図形消去) コマンドで図面上の1要素 (基本要素、複合要素) を消去しました。ここでは、図面上の複数の要素を選択し、まとめて消去する方法を紹介します。
複数の要素の選択は、選択範囲枠で対象にする要素を囲むことで行います。消去に限らず、図を移動する、複写する、図の線色を変更するなどの場合に共通して行う操作です。

1 複数の要素を範囲選択して消去する

「範囲」(範囲選択) コマンドを選択し、対象とする要素を選択範囲枠で囲むことで選択しましょう。

1 「範囲」(範囲選択) コマンドを🖱。

2 選択範囲枠の始点位置として、右図の位置で🖱。

3 右図のように囲み、選択範囲枠の終点を🖱。

POINT

選択したい要素の全体が選択範囲枠に入るように囲みます。この選択方法を「範囲選択」と呼びます。終点を🖱(文字を含む)すると、選択範囲枠内の文字要素も選択されます。終点を🖱(文字を除く)すると、選択範囲枠内の文字要素は選択されません。

2の位置を対角とした選択範囲枠が表示される

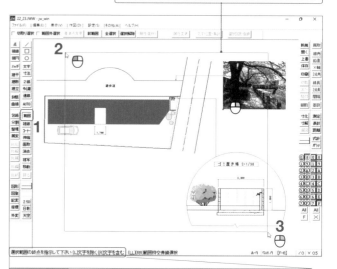

選択範囲の終点を指示して下さい (L)文字を除く (R)文字を含む

第4章　図面を加工するための基礎知識

選択範囲枠からはみ出す要素は選択されない

選択範囲枠からはみ出しているブロックは選択される

画像は選択されるとその左下にある文字列が選択色になる

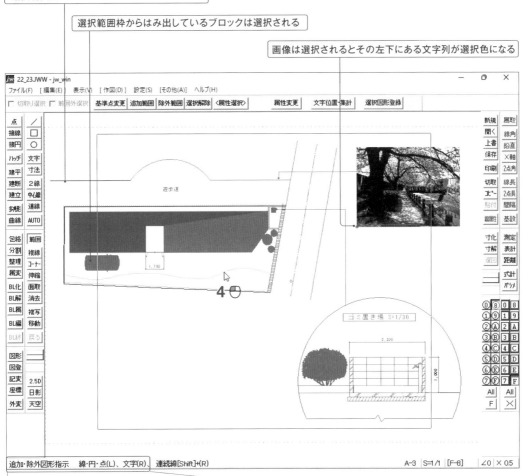

追加・除外図形指示　　線・円・点(L)、文字(R)、

POINT

基本的に、選択範囲枠に全体が入る要素が選択色に
なります。ただし、ブロックと画像は例外です。ブロ
ックと画像の範囲選択については、**p.91のHINT**を参
照してください。

4　曲線を🖱。

POINT

この段階で選択色になっていない要素を🖱（文字は
🖱）すると、追加選択されて選択色になります。

5　選択色の自動車（ブロック）を🖱。

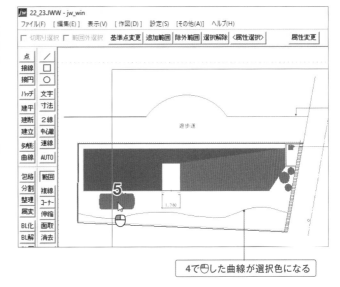

4で🖱した曲線が選択色になる

POINT

選択色の要素を🖱（文字は🖱）すると、選択から除外されて元の色に戻ります。5の自動車はブロックのため、🖱で自動車全体が選択から除外されます。

6 選択色の文字を🖱。

7 選択色の植栽を🖱。

8 右図の水平線を🖱。

9 右図の寸法線を🖱。

➡ 下図のように、**6**の文字と**7**の植栽が除外され、**8**のグループ化された切断記号と**9**の寸法図形とが追加選択される。

10 「消去」（図形消去）コマンドを🖱。

➡ 選択色の要素が次ページのように消去される。

選択色だった自動車が元の色に戻る

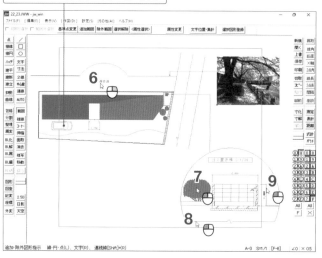

6の文字が除外されて元の色に戻る

7の植栽は曲線属性が付いているため、🖱で植栽全体が除外されて元の色になる

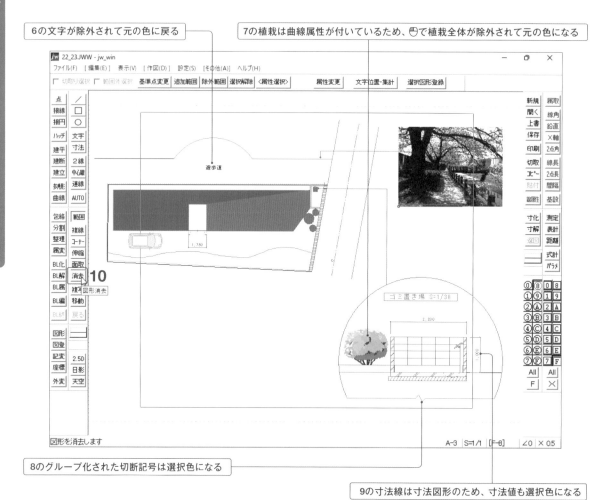

8のグループ化された切断記号は選択色になる

9の寸法線は寸法図形のため、寸法値も選択色になる

2　消去前に戻す

消去前に戻しましょう。

1　「戻る」(元に戻す) コマンドを🖱。

POINT

「戻る」(元に戻す) コマンドを🖱すると、直前に行った消去操作が取り消され、消去前に戻ります。

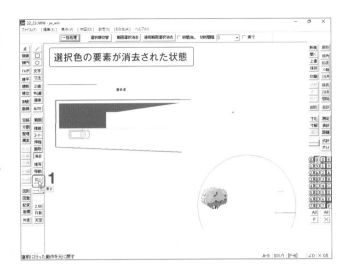

HINT　画像とブロックの選択について

範囲選択では、選択範囲枠に全体が入る要素が選択されますが、画像とブロックについては以下の条件のもとに選択されます。

画像 (文字要素)

画像表示命令文 (文字要素)

ブロック

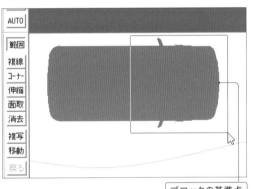

ブロックの基準点

画像は、その左下に画像表示命令文 (文字要素) が記入されており、その命令に従って画面に表示しています。そのため、画像の左下に記入されている画像表示命令文の全体が入るように囲み、終点を🖱 (文字を含む) します。画像表示命令文が選択色になることで、選択されたことがわかります。

ブロックは、複数の要素をひとまとまりとして、基準点を決め、ブロック名を付けたものです。選択範囲枠にその基準点が入ると選択されます。ブロック上に基準点があれば、ブロック全体を囲むことで選択できます。しかし、ブロックから離れた位置に基準点がある場合は、ブロック全体を囲んでも選択できません。その場合は、ブロックを🖱して追加選択します (➡ p.230)。

91

透明シートが重なり合った「レイヤ」とは?

★★☆

レイヤバーとレイヤ一覧ウィンドウの操作

「4」フォルダー
「24.jww」

第4章

図面を加工するための基礎知識

CADでの作図は、基準線、外形線、寸法、文字など各部分を複数の透明シートに分けて作図するようなイメージで、それらのシートを重ね合わせて1枚の図面を作り上げます。その透明シートにあたるものが「レイヤ」(画層)です。

Jw_cadには、レイヤ番号0～9、A～Fまでの16枚のレイヤが用意されています。レイヤへのかき分けは必須ではありませんが、作図・編集のしやすさを考え、レイヤを分けて図面をかくのが一般的です。

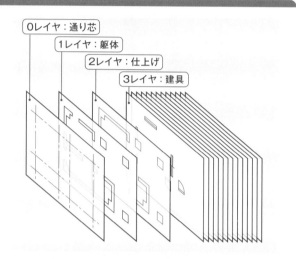

0レイヤ:通り芯
1レイヤ:躯体
2レイヤ:仕上げ
3レイヤ:建具

1 レイヤボタンの表示の種類と意味

レイヤバーの0～9、A～Fの16のボタンは、各レイヤの状態を示します。

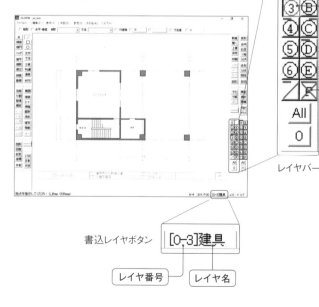

レイヤバー

表示のみレイヤ(○なし番号)
要素はグレー表示されて編集できない。

非表示レイヤ(番号なし)
要素は存在しても表示されない。

編集可能レイヤ(黒い○付き番号)
要素の編集ができるレイヤ。

書込レイヤ(赤い○付き番号凹表示)
要素が作図されるレイヤ。

プロテクトレイヤ(/付き、×付き)
プロテクトレイヤに作図することやそのレイヤに含まれる要素を編集することはできない。×付きは表示状態の変更もできない。

プロテクトレイヤの解除 ➡ p.231

POINT

各レイヤボタンの上に表示される赤紫色のバーは、そのレイヤに要素が作図されていることを示します。

左半分のバーは文字以外の要素の有無を示す

右半分のバーは文字要素の有無を示す

書込レイヤボタン [0-3]建具

レイヤ番号 レイヤ名

2 レイヤー一覧ウィンドウを開く

開いた図面のレイヤ分けは、レイヤ一覧ウィンドウを開いて確認できます。

1 レイヤバーの書込レイヤ（凹状態のボタン）「3」を🖱。

POINT

レイヤバーの書込レイヤを🖱することで「レイヤー覧」ウィンドウが開き、0〜9、A〜Fの16枚のレイヤに作図されている要素が一覧表示されます。

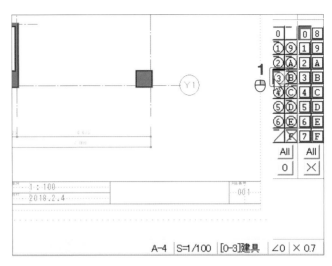

A-4 ｜ S=1/100 ｜ [0-3]建具 ｜ ∠0 ｜ ✕ 0.7

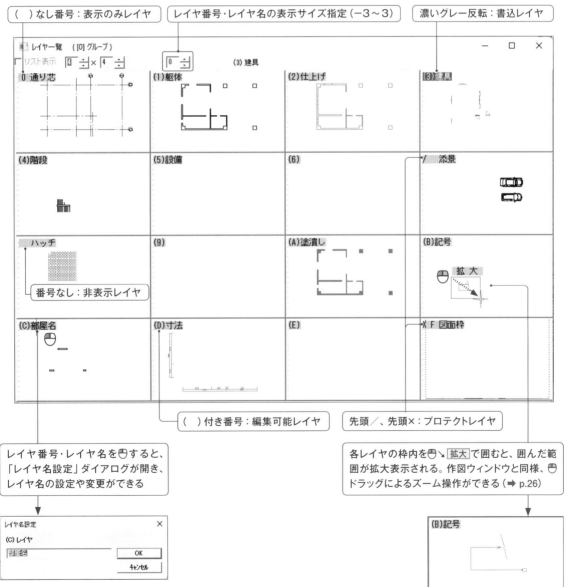

( ) なし番号：表示のみレイヤ | レイヤ番号・レイヤ名の表示サイズ指定（−3〜3） | 濃いグレー反転：書込レイヤ

( ) 付き番号：編集可能レイヤ | 先頭／、先頭×：プロテクトレイヤ

番号なし：非表示レイヤ

レイヤ番号・レイヤ名を🖱すると、「レイヤ名設定」ダイアログが開き、レイヤ名の設定や変更ができる

各レイヤの枠内を🖱＼ 拡大 で囲むと、囲んだ範囲が拡大表示される。作図ウィンドウと同様、🖱ドラッグによるズーム操作ができる（➡ p.26）

93

3 レイヤ状態を変更する

書込レイヤになっている「3」レイヤを非表示レイヤにするため、「2」レイヤを書込レイヤにしましょう。

1 「2」レイヤの枠内で🖱。

POINT

書込レイヤを非表示レイヤにすることはできないため、はじめに「3」以外のレイヤを書込レイヤにします。レイヤの枠内で🖱することで書込レイヤになります。

2 「3」レイヤの枠内で🖱。

POINT

レイヤ名以外の位置で🖱してください。書込レイヤ以外のレイヤは🖱するたびに、非表示レイヤ⇒表示のみレイヤ⇒編集可能レイヤに切り替わります。

非表示レイヤになっている「7」レイヤを表示のみレイヤにしましょう。

3 「7」レイヤの枠内で🖱。

POINT

「7」レイヤの先頭には、プロテクトレイヤ（そのレイヤへの編集・加筆禁止）を示す「／」が付いています。「／」が付いたレイヤの状態を変更することはできますが、書込レイヤにすることはできません。また「F」レイヤのように先頭に「×」が付いたプロテクトレイヤは、その状態を変更することもできません。

「レイヤ一覧」ウィンドウを閉じましょう。

4 「レイヤ一覧」ウィンドウ右上の×（閉じる）を🖱。

➡ 次ページの図のように、レイヤバー、作図ウィンドウの表示が変更される。

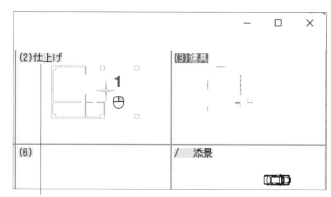

レイヤ番号部が濃いグレー反転（書込レイヤ）になる

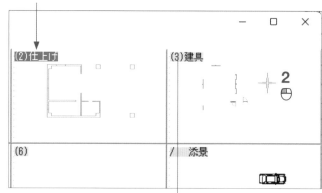

レイヤ番号なし（非表示レイヤ）になる

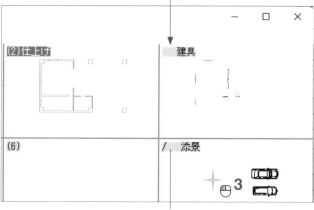

（　）なしのレイヤ番号（表示のみレイヤ）になる

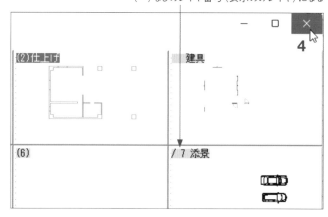

4 レイヤバーでのレイヤ状態変更

グレー表示になっている通り芯Y2を消去しま
しょう。

1 「消去」（図形消去）コマンドを🖱。

2 通り芯Y2を🖱。

➡ 図形がありません と表示され、消去されない。

POINT

表示のみレイヤの要素は、作図ウィンドウにグレー
表示され、編集の対象になりません。2の通り芯を消
去するには、そのレイヤを編集可能レイヤにします。

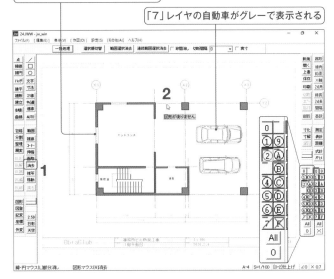

「3」レイヤの建具が非表示になる

「7」レイヤの自動車がグレーで表示される

通り芯が作図されている「0」レイヤを編集可
能レイヤにしましょう。

3 レイヤバーの「0」レイヤを🖱。

➡ 番号に〇が付いた編集可能レイヤになり、作図ウィ
ンドウにマウスポインタを移動すると、通り芯が本
来の色で表示される。

POINT

レイヤバーでも、「レイヤ一覧」ウィンドウと同様に、
レイヤの状態変更ができます。書込レイヤ以外のレ
イヤは🖱するたびに、非表示レイヤ⇒表示のみレイ
ヤ⇒編集可能レイヤに切り替わります。

4 通り芯Y2を🖱。

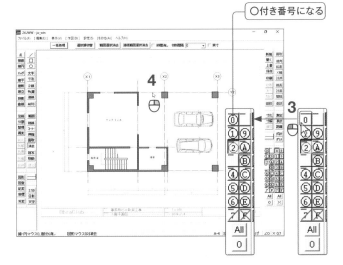

〇付き番号になる

➡ 4の線が消去される。

POINT

編集可能レイヤの要素は、作図した線色で表示され、
編集ができます。ただし、レイヤ番号に「／」や「×」
が付いたプロテクトレイヤになっている場合は編集
できません。「7」レイヤを編集可能レイヤにし、「消
去」（図形消去）コマンドで「7」レイヤに作図されて
いる自動車を🖱して消去しようとしても、メッセー
ジ プロテクトレイヤのデータです [0]−(7) が表示されて
消去できません。

プロテクトレイヤの解除 ➡ p.231

4の線が消去される

**複数のレイヤを束ねた
「レイヤグループ」とは？**
★★☆
レイヤグループバーとレイヤグループ一覧ウィンドウの操作

「4」フォルダー
「25_26.jww」

Jw_cadでは、16枚のレイヤを束ねたもの
を「レイヤグループ」と呼びます。全部で
16個のレイヤグループが用意されており、
レイヤグループごとに縮尺を設定できます。
レイヤが16枚で足りる図面であれば、わざ
わざレイヤグループを使う必要はありませ
ん。ただし、1枚の用紙に縮尺の異なる図を
レイアウトする場合には、レイヤグループ
の利用が必須です。

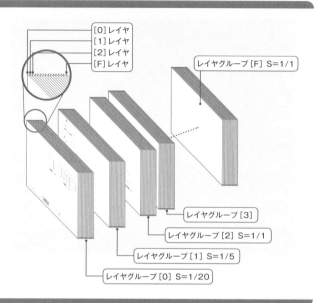

> **教材「25_26.jww」** p.48の **12**で各部を測定した図面「12.jww」と同じ内容の図面です。

S=1/5の1レイヤグループに断面図を作図

S=1/20の0レイヤグループに正面・側面図を作図

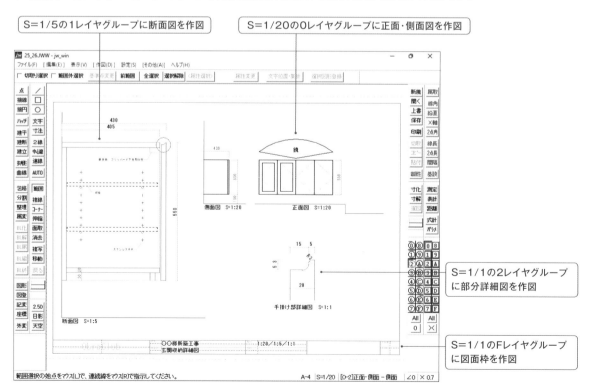

S=1/1の2レイヤグループ
に部分詳細図を作図

S=1/1のFレイヤグループ
に図面枠を作図

第**4**章 図面を加工するための基礎知識

1 レイヤグループ 一覧ウィンドウを開く

開いた図面のレイヤグループ分けは、レイヤ
グループ一覧ウィンドウを開いて確認できま
す。

1 レイヤグループバーの書込レイヤグルー
プ（凹状態のボタン）「0」を🖱。

POINT

レイヤグループバーの書込レイヤグループを🖱す
ることで「レイヤグループ一覧」ウィンドウが開き、
0～9、A～Fの16個のレイヤグループに作図され
ている要素が一覧表示されます。

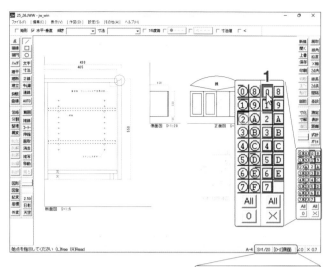

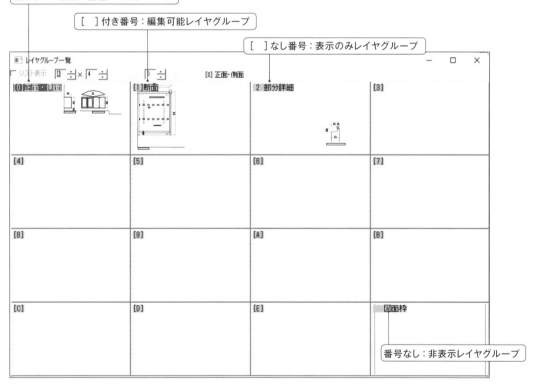

濃いグレー反転：書込レイヤグループ

[　]付き番号：編集可能レイヤグループ

[　]なし番号：表示のみレイヤグループ

番号なし：非表示レイヤグループ

「レイヤグループ一覧」ウィンドウでの各レイ
ヤグループの状態変更や、部分拡大、レイヤグ
ループ名の設定・変更操作は、「レイヤ一覧」ウ
ィンドウ（➡ **p.93**）での操作と同じです。

🖱：書込レイヤグループに変更

🖱：書込レイヤグループ以外のレイヤグルー
プの状態を、非表示⇒表示のみ⇒編集可
能に切り替える

POINT

各レイヤグループの縮尺は、ステータスバーの「縮尺」ボタンを🖱で開
く「縮尺・読取　設定」ダイアログの「レイヤグループ縮尺一覧」で確
認できます。

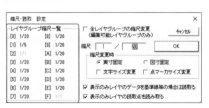

2　［1］レイヤグループの枠内で🖱。

➡ レイヤグループ名が濃いグレー反転になり、書込レイヤグループになる。

3　「レイヤグループ一覧」ウィンドウ右上の ×（閉じる）を🖱。

➡ 「レイヤグループ一覧」ウィンドウが閉じる。書込レイヤグループが［1］になり、ステータスバーの「縮尺」ボタンの表示が［1］レイヤグループの縮尺「S＝1/5」になる。

2 レイヤグループボタンの表示の種類と意味

レイヤグループバーの0～9、A～Fの16のボタンは、各レイヤグループの状態を示します。レイヤグループバーでの各レイヤグループの状態変更操作は、レイヤバーでの操作（➡ p.95）と同じです。

🖱：書込レイヤグループに変更

🖱：書込レイヤグループ以外のレイヤグループの状態を、非表示⇒表示のみ⇒編集可能に切り替える

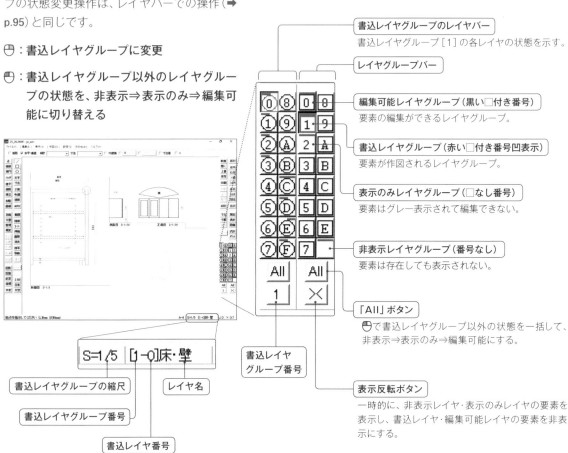

書込レイヤグループのレイヤバー
書込レイヤグループ［1］の各レイヤの状態を示す。

レイヤグループバー

編集可能レイヤグループ（黒い□付き番号）
要素の編集ができるレイヤグループ。

書込レイヤグループ（赤い□付き番号凹表示）
要素が作図されるレイヤグループ。

表示のみレイヤグループ（□なし番号）
要素はグレー表示されて編集できない。

非表示レイヤグループ（番号なし）
要素は存在しても表示されない。

「All」ボタン
🖱で書込レイヤグループ以外の状態を一括して、非表示⇒表示のみ⇒編集可能にする。

書込レイヤグループ番号

表示反転ボタン
一時的に、非表示レイヤ・表示のみレイヤの要素を表示し、書込レイヤ・編集可能レイヤの要素を非表示にする。

S=1/5　[1-0]床・壁

書込レイヤグループの縮尺

レイヤ名

書込レイヤグループ番号

書込レイヤ番号

3 非表示レイヤ・表示のみレイヤの要素を確認する

非表示レイヤに何が作図されているのか、確認してみましょう。

1 レイヤグループバーの「×」ボタンを🖰。

POINT

レイヤグループバーの「×」ボタンを🖰すると、一時的に各レイヤグループの非表示レイヤ・表示のみレイヤの要素を作図ウィンドウに表示し、書込レイヤ・編集可能レイヤの要素を非表示にします。マウスポインタを作図ウィンドウに移動することで、元の表示状態に戻ります。

➡ 作図ウィンドウの表示が右図のように変わる。

2 マウスポインタを作図ウィンドウに移動する。

➡ 元の表示状態に戻る。

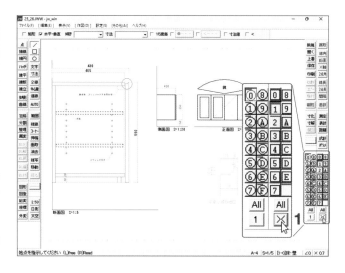

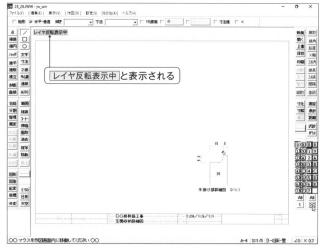

レイヤ反転表示中 と表示される

HINT レイヤグループ名をステータスバーに表示する

ステータスバーの「書込レイヤ」ボタンには、書込レイヤの「レイヤグループ番号ーレイヤ番号　レイヤ名」が表示されます。ここにレイヤグループ名も表示されるように設定できます。

1 「書込レイヤ」ボタンを🖰。

2 「レイヤ設定」ダイアログの「レイヤグループ名をステータスバーに表示する」にチェックを付ける。

3 「OK」ボタンを🖰。

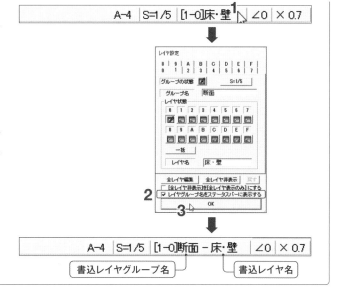

書込レイヤグループ名　　　書込レイヤ名

26

★★★

すでにある線や図形と同じ 線色・線種・レイヤにする

属性と属性取得

「4」フォルダー
「25_26.jww」

Jw_cadでは、線・円などの要素の線色・線種・作図されているレイヤを「属性」（要素に付随する性質）と呼びます。要素によっては、他にも属性を持っていますが、ここでは、線色・線種・レイヤを、便宜上「基本属性」と呼びます。

「属取」（属性取得）コマンドは、これから作図する要素の基本属性を、🖱️した要素と同じ属性にするコマンドです。すでにある線や円などと同じ線色・線種・レイヤで作図する場合などに利用します。

線色・線種

作図レイヤ

---

1 属性取得する

正面図の扉の開閉表示記号の属性を取得しましょう。

1 「属取」（属性取得）コマンドを🖱️。

POINT

1の操作の代わりに、メニューバー[設定]－「属性取得」を🖱️するか、Tabキーを押しても同じです。

2 属性取得の対象として、右図の開閉表示記号を🖱️。

➡ 書込線が**2**の線の線色・線種に、書込レイヤが**2**の線が作図されているレイヤに変わる。

POINT

初期設定では、表示のみレイヤの要素は属性取得できません。表示のみレイヤの要素を属性取得するには、基本設定を変更します（➡ p.107のHINT）。

┈┈┈┈┈┈┈┈┈┈┈┈┈┈┈┈┈┈┈┈┈┈┈┈
❓ **こんなときはどうする？**

▶ 属性取得対象を🖱️すると「○○を編集します」
　ダイアログが表示される ➡ p.49のHINT
┈┈┈┈┈┈┈┈┈┈┈┈┈┈┈┈┈┈┈┈┈┈┈┈

属性取得 と表示

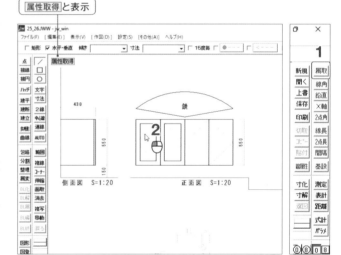

書込線が2の線と同じ線色・線種になる

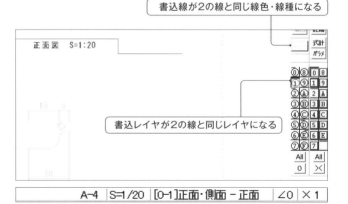

書込レイヤが2の線と同じレイヤになる

2 属性取得で非表示レイヤにする

指定した要素が作図されているレイヤを、非表示レイヤにすることができます。

1 「属取」(属性取得) コマンドを2回🖱。

POINT

1の操作の代わりに、メニューバー [設定] -「レイヤ非表示化」を🖱するか、Tab キーを2回押しても同じです。

2 右図の寸法を🖱。

➡ 2の寸法が作図されているレイヤが非表示レイヤになる。

POINT

2の線が作図されているレイヤが書込レイヤの場合は 書込レイヤです と表示され、レイヤ状態は変更されません。

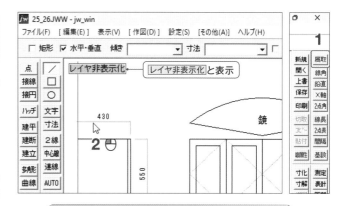

2の寸法が作図されているレイヤが非表示レイヤになる

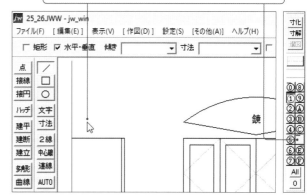

HINT 属性取得で円・円弧の情報を表示するには

「属性取得」で、円・円弧の半径などの情報を確認できます。

1 「属取」(属性取得) コマンドを3回を🖱。

2 右図の円弧を🖱。

POINT

1の操作の代わりに、Tab キーを3回押しても同じです。属性取得されるとともに、作図ウィンドウ左上に、🖱した円弧の半径とその他の情報が表示されます。

属性取得 と表示

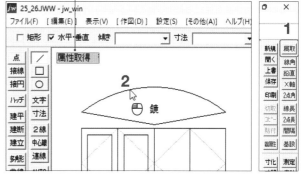

「r=」の後ろに半径が表示される　　円弧の開始角>終了角

円弧 r = 986.144　 [0°]　52.5239 -> 74.9522°　(100

重なり合った線を1本に整理する

★★☆　「整理」（データ整理）機能

「4」フォルダー
「27.jww」

他所から受け取った図面ファイルをJw_cadで開き、ほんのちょっとでも手を加えるのであれば、はじめに必ずデータ整理（連結整理）を行うべきです。

右図は、1セットの机と椅子を作図した後、それを複写したものです。CADでの一般的な作図方法ですが、複写した机の線がところどころ重複しています。線が重複した位置で線を消去しようとして「消去」（図形消去）コマンドで🖱しても、消去されるのは1本だけ。重複した線は残り、「あれ？　なぜ消去されないの？」となります。

あらかじめ、データ整理（連結整理）を行っておけば、このようなことで戸惑うことはありません。また、重複していた分だけ線の本数が減るため、図面ファイル自体の容量が小さくなります。場合によっては、作図・編集操作時の画面表示などが速くなります。

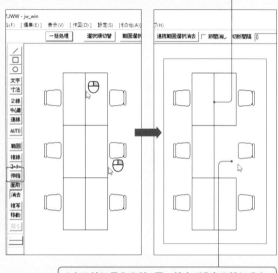

🖱で消去されるのは1本だけで重複した線は残るため、線が消去されていないように見える

1本の線に見えるが、同一線上で3本の線に分かれているため、🖱した個所の線だけが消去される

1　図面全体をデータ整理する

図面全体を対象にして、データ整理を行いましょう。

1　「範囲」（範囲選択）コマンドを🖱。

2　コントロールバー「全選択」ボタンを🖱。

POINT

「全選択」ボタンを🖱すると、書込・編集可能レイヤのすべての要素を選択します。非表示レイヤ、表示のみレイヤの要素がある場合は、p.213の対処2を参考に、編集可能レイヤにしてから1以降の操作を行います。

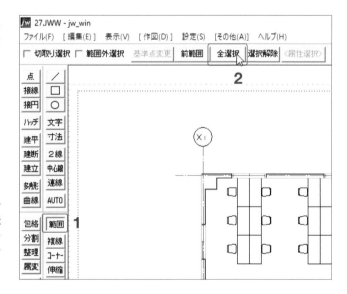

➡ 右図のようにすべての要素が選択され、選択色で表示される。

3 「整理」（データ整理）コマンドを🖱。

POINT

3の操作の代わりに、メニューバー［編集］－「データ整理」を🖱しても同じです。

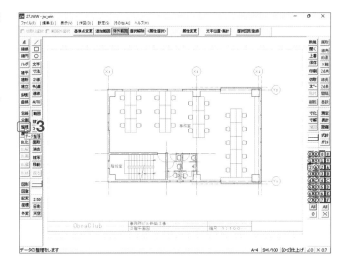

4 コントロールバーの「連結整理」ボタンを🖱。

POINT

「重複整理」は、同じレイヤに重複した同一線色・線種の線、円・円弧、実点を1つにします。また、同じレイヤに重複して記入された同一文字種（➡ p.171）・フォント・色で、同一の記入内容の文字列も1つにします。同じレイヤに重複して作図された同一内容の寸法図形とソリッドも1つにしますが、ブロックは同一内容でも1つにしません。「連結整理」は、「重複整理」の機能に加え、同じレイヤに作図されている同一線色・線種の線で、その端点を共有している線（1本の線に見えるが途中で切断されている線や、同一点で連続して作図された線）どうしを1本に連結します。

➡ 「連結整理」が行われ、画面左上に「－（マイナス数値）」で整理された要素数が表示される。

整理された要素数が表示される

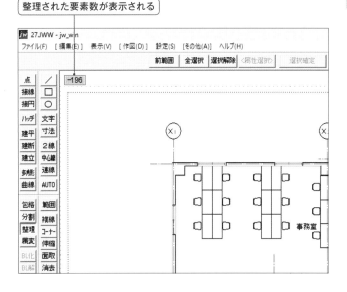

103

複合要素の性質についての補足

既存の図面に対する編集や加筆は、1から図面を作図するよりも、意外に多くの知識を必要とします。そのため本章では、図面の編集をするにあたり、最低限知っておくべき事柄（重要度★★☆）を紹介しました。

さらにここでは、p.82の22で紹介した複合要素のうちのブロック、曲線属性、グループの性質の違いについて補足します。寸法図形の性質については、p.186を参照してください。

▶ それぞれの複合要素の性質の違い

ブロック＝1要素として扱われ、編集できない
複数の要素をひとまとまりとして、名前（ブロック名）と基準点情報を定義したもので、「ブロック化」コマンドで作成します。ブロックは右図のように多重構造にすることもできます。
ブロックの一部を「伸縮」「コーナー」「面取」「パラメ」（パラメトリック変形）コマンドなどで編集したり、消去、線色・線種を変更したりといった編集は一切できません。編集するには、まずブロックを解除（➡ p.165）してから作業するか、または「BL編」（ブロック編集）コマンド（➡ p.166）で行います。ブロックは、定義された基準点での移動・複写が行え、そのブロック名ごとに図面内のブロック数を集計することができます。ブロックの作成方法やブロック数の集計など、ブロックの活用方法については、別書『Jw_cadで神速に図面をかくための100のテクニック』のCHAPTER 7で解説しています。

曲線属性＝1要素として扱われ、編集には制限がある
複数の要素をひとまとまりとしたもので、「曲線」コマンドで作図した曲線などに付加されます。また、連続していない任意の要素に曲線属性を付加することもできます。曲線属性要素は、「伸縮」「コーナー」「面取」コマンドで編集できませんが、直線部分に限り「消去」（図形消去）コマンドの部分消しは行えます。その場合、部分消しした線の曲線属性は解除されます。「パラメ」（パラメトリック変形）コマンドでの変形や線色・線種の変更も可能です。

グループ＝1要素として扱われるが、編集はできる
「記変」（線記号変形）「寸法」コマンドで「グループ化」指示をして作図した線記号と寸法部は、1要素として扱われます。線色・線種の変更や「伸縮」「コーナー」「面取」「消去」（図形消去）コマンドでの編集はできますが、編集した部分はグループから除外されます。

多重ブロックの例

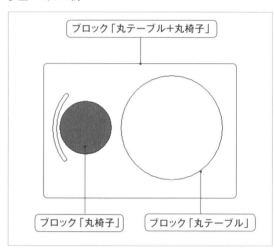

グループの一部を編集した例

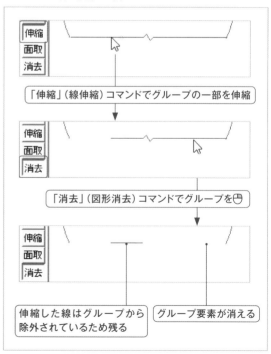

「伸縮」（線伸縮）コマンドでグループの一部を伸縮

「消去」（図形消去）コマンドでグループを🖱

伸縮した線はグループから除外されているため残る　　グループ要素が消える

第4章　図面を加工するための基礎知識

図面に線や図形を加筆する

第5章では、線や囲み図形の作図などを通じて基本的な作図コマンドの使い方や、塗りつぶし、画像の挿入、他図面からのコピーなど、図面にちょっとした手を加えたい人向けの操作方法を解説します。

図面に線や文字を書き加えるときにまずすべきこと

★★☆

作図済みの図面に加筆するときの留意点

「5」フォルダー
「28_29.jww」

作図済みの図面に加筆するときは、作図するレイヤと線色を考慮する必要があります。

作図済みの図に対する修正・変更の指示などをメモ的に書き加える場合や、作図済みの線や文字とは別の要素を新たに追加する場合は、何も作図されていないレイヤを書込レイヤにしてから加筆しましょう。

記入済みの線や文字と同じ種類の線や文字を加筆する場合は、その線や文字と同じレイヤに、同じ線色・線種、文字サイズで記入するため、はじめに「属性取得」を行いましょう。

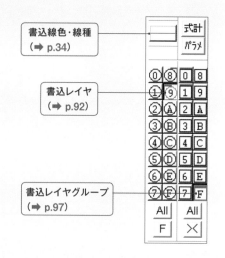

書込線色・線種
（➡ p.34）

書込レイヤ
（➡ p.92）

書込レイヤグループ
（➡ p.97）

1 何も作図されていないレイヤを書込レイヤにする

メモ的に線や文字を記入する場合には、何も作図されていないレイヤを、「メモ用のレイヤ」として書込レイヤにしましょう。これにより、レイヤを非表示にすれば、メモを印刷せずに済みますし、後でメモだけを簡単に消去できます。

1 レイヤバーの番号上にバーのない「E」レイヤを🖱。

POINT

レイヤバーで🖱することで書込レイヤになります。レイヤ番号上に赤紫色のバーが表示されていないレイヤが、何も作図されていないレイヤです。

➡ 「E」レイヤが書込レイヤになる。

右半分のバーは、文字要素があることを示す

ゴミ置き場 S=1/30

2,200

1,000

左半分のバーは、文字以外の要素があることを示す

ゴミ置き場 S=1/30

2,200

1,000

🖱した「E」レイヤが書込レイヤ（凹表示）になる

2 作図済みの線と同じ レイヤ・線色・線種にする

作図済みの線と同じレイヤに同じ線色・線種で作図するには、はじめに「属性取得」を行います。

1 「属取」(属性取得)コマンドを🖱。

POINT

1の操作の代わりに、メニューバー[設定]-「属性取得」を🖱するか、Tabキーを押しても同じです。

2 属性取得の対象として、右図の引出線を🖱。

➡ 書込線が**2**の線の線色・線種に、書込レイヤが**2**の線が作図されているレイヤに変わる。

書込線が2の線と同じ線色・線種になる

2の線が作図されているレイヤが書込レイヤになる

HINT グレー表示(表示のみレイヤ)の要素を属性取得するには

初期設定では、作図ウィンドウにグレーで表示される、表示のみレイヤの要素の属性取得は行えません。以下の設定をすることで、表示のみレイヤの要素の属性取得ができるようになります。

1 「基設」(基本設定)コマンドを🖱。

2 「jw_win」ダイアログの「一般(1)」タブを🖱。

3 「表示のみレイヤも属性取得」にチェックを付ける。

4 「OK」ボタンを🖱。

POINT

ここで指定した設定は、次回、設定を変更するまで有効です。

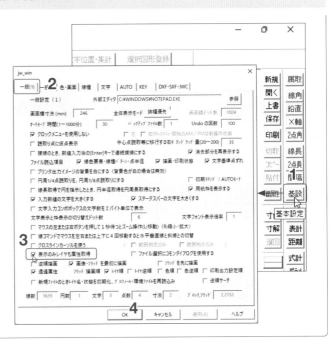

---

29 引出線を作図する

★★☆　　　「／」(線)コマンドによる引出線の作図

線は、「／」(線)コマンドで始点と終点を指示することで、書込レイヤに書込線色・線種で作図されます。

始点・終点指示時に、図面上の点 (➡ p.54) を指示する場合には、🖱(Read) で指示します。指示したい位置に点が存在しない場合は、🖱(free) で指示します。

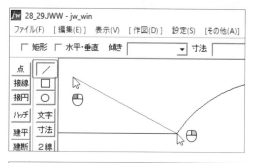

1　矢印の付いた引出線を作図する

平面図の遊歩道から右側の写真左下まで、矢印の付いた引出線を作図しましょう。

1 ゴミ置き場を指す引出線を「属性取得」する (➡ p.107)。

➡ 「F」レイヤグループの「9」レイヤが書込レイヤに、書込線が線色8・実線になる。

2 「／」(線)コマンドを🖱。

3 コントロールバー「<－－－」にチェックを付ける。

POINT

コントロールバー「<－－－」にチェックを付けると、始点に矢印が付いた線を作図します。

4 始点として、平面図上の遊歩道の適当な位置を🖱。

POINT

線の始点として、点が存在しない位置を指示するには🖱します。

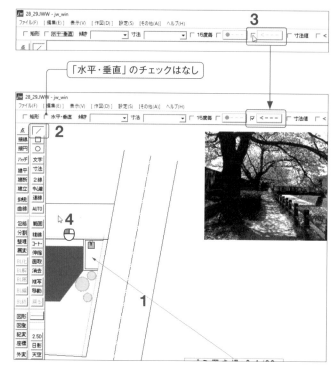

5　終点として、画像の左下角を🖱。

POINT

画像の4つの角は、🖱で読み取ることができます。

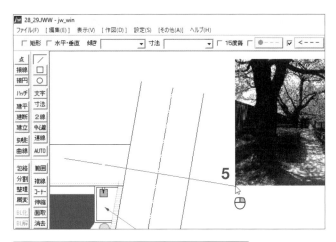

◆　終点を指示してください （L)free （R)Read

→ **4**から**5**まで、始点に矢印が付いた引出線が、書込線
色・線種で書込レイヤに作図される。

POINT

作図される矢印の大きさと形状は、「寸法設定」ダイ
アログ（➡ p.181）の指定に準じます。

始点に矢印が付いた線が作図される

HINT　「／」(線) コマンドのコントロールバーでの主な指示項目

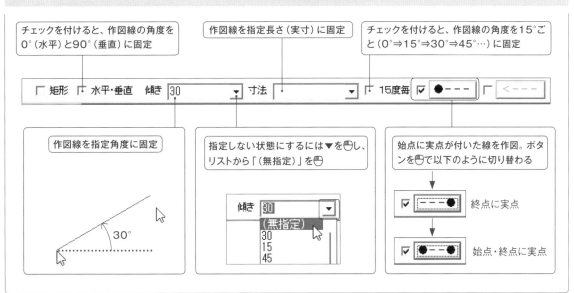

作図済みの図や文字を
円・楕円で囲む

★★☆　「○」(円弧)コマンドによる囲み線の作図

「5」フォルダー
「30_31.jww」

円・楕円や円弧・楕円弧は「○」(円弧)コマンドで作図します。

「○」(円弧)コマンドでは、コントロールバーで「円弧」や「扁平率」を指定することで、円・円弧や楕円・楕円弧を作図できます。

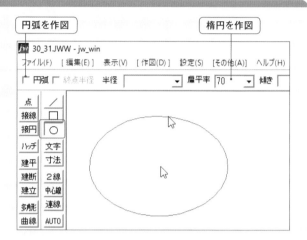

1 中心点と円周上の位置を指示して円を作図する

「ゴミ置き場S=1/50」の図全体を囲む円を作図しましょう。

1 何も作図されていない「F」レイヤを書込レイヤにし、書込線を「線色8・実線」にする。

何も作図されていないレイヤを書込レイヤにする➡ p.106
書込線の指定 ➡ p.34

2 「○」(円弧)コマンドを🖱。

3 囲む図の中央付近で🖱。

POINT
3の位置を指示しなおす場合は、Escキーを押します。

4 仮表示される円が作図したい円の大きさになった時点で🖱。

➡ 3の点を中心として、3～4の距離を半径とする円が、書込線色・線種で書込レイヤに作図される。

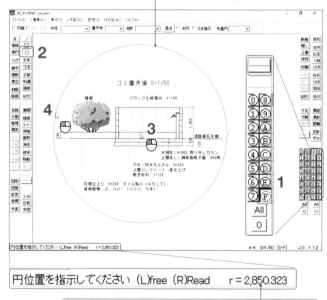

3を中心点とする円がマウスポインタまで仮表示される

円位置を指示してください (L)free (R)Read　　r＝2,850.323

仮表示されている円の半径がステータスバーに表示される

第5章　図面に線や図形を加筆する

HINT 半径を指示して円を作図する

コントロールバー「半径」ボックスに半径（実寸mm単位）を入力することで、指定半径の円を作図します。

1 「○」（円弧）コマンドでコントロールバー「半径」ボックスに「2800」を入力する。

➡ マウスポインタに中心を合わせ、半径2800mmの円が仮表示される。

POINT

仮表示の円に対するマウスポインタの位置を「基点」と呼びます。コントロールバーの基点「中・中」ボタンを🖐するたびに、基点は右図の9カ所に切り替わります。

2 作図位置として、図が円に収まる位置で🖐。

➡ 2の点を中心点とした半径2800mmの円が作図される。

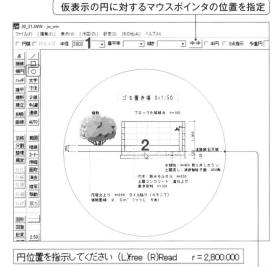

仮表示の円に対するマウスポインタの位置を指定

円位置を指示してください (L)free (R)Read　r = 2,800.000

半径2800mmの円が仮表示

---

2 円周上の2点を指示して楕円を作図する

図を楕円で囲みましょう。

1 「○」（円弧）コマンドのコントロールバー「半径」ボックスを「（無指定）」（または空白）にする。

2 コントロールバー「中央」（または「基点」）ボタンを🖐。

POINT

半径を指定しないで2のボタンを🖐すると「外側」になり、指示した2点を直径とする円やその2点を通る楕円を作図します。再度ボタンを🖐すると、「中央」（中心点と円周上の位置を指示）になります。

3 コントロールバー「扁平率」ボックスに「75」を入力する。

POINT

コントロールバー「扁平率」ボックスに扁平率（短軸半径÷長軸半径×100）を指定することで、楕円の作図になります。5の操作前に仮表示される楕円を目安に「扁平率」を変更することで、楕円の大きさを調整できます。

4 囲む図の左側で🖐。

5 図の右側、図全体が収まる位置で🖐。

「基点」が「外側」になる

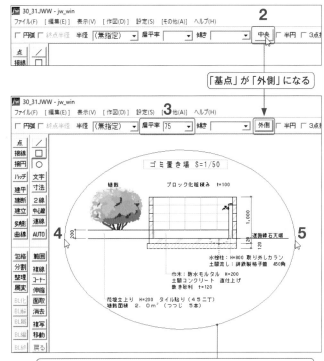

4の位置を円周上とする楕円がマウスポインタまで仮表示される

30

作図済みの図や文字を円・楕円で囲む

111

31 作図済みの図や文字を 長方形で囲む

★★☆ 「□」（矩形）コマンドによる囲み線の作図

「5」フォルダー
「30_31.jww」

幅, 高さ（実寸mm）

長方形は、「□」（矩形）コマンドで対角とする
2点を指示するか、幅（横の辺の長さ）と高さ
（縦の辺の長さ）を実寸値で指定することで作
図します。

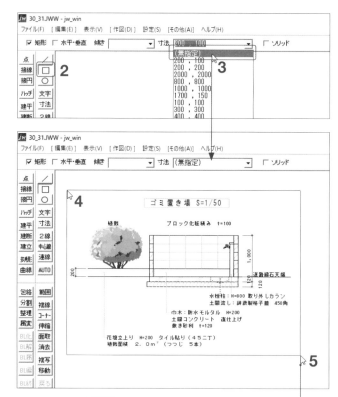

1 対角を指示して 長方形を作図する

「ゴミ置き場S＝1/50」の図全体を囲む長方形
を作図しましょう。

1 「F」レイヤを書込レイヤにして、書込線を
「線色8・実線」にする。

何も作図されていないレイヤを書込レイヤにする➡ p.106
書込線の指定 ➡ p.34

2 「□」（矩形）コマンドを🖱。

3 コントロールバー「寸法」ボックスに数値
が入力されている場合は、▼を🖱し、表示
されるリストの「（無指定）」を🖱。

POINT
「（無指定）」は、何の値も入力していない空白状態と
同じです。

4 囲む図の左上で🖱。

5 仮表示される長方形で図を囲み、もう一
方の対角位置（図の右下）を🖱。

4を対角とする長方形がマウスポインタまで仮表示される

◆ 終点を指示してください (L)free (R)Read　W=5,789.648　H=3,963.867

仮表示されている長方形のサイズ（W：幅、H：高さ）が表示される

第5章 図面に線や図形を加筆する

112

HINT　縁取りした長方形や角を丸めた長方形を作図する

コントロールバー「多重」ボックスに値を入力することで、指定幅で縁取りしたり、角を丸めたりできます。

「－」（マイナス）数値で縁取りの幅（実寸mm単位）を入力

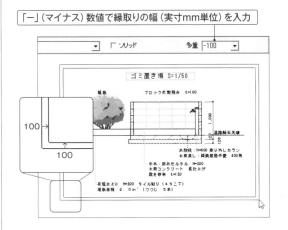

「0,」に続けて、R面の半径（実寸mm単位）を入力

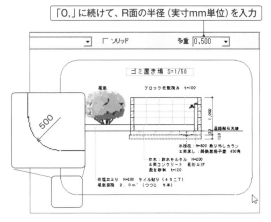

HINT　指定寸法の長方形を作図する

コントロールバー「寸法」ボックスに、寸法を「横，縦」の順に「，」（カンマ）で区切って実寸mm単位で入力し、作図します。

1　「□」（矩形）コマンドのコントロールバー「寸法」ボックスに「500，300」を入力する。

POINT
「寸法」ボックスには、「横，縦」の順に「，」（カンマ）で区切った2つの数値を入力します。

2　矩形の基準点として、右図の交点を🖱。

POINT
マウスポインタを移動すると、仮表示の長方形が、下図9カ所のいずれかを**2**で指示した基準点に合わせて移動します。次の指示で、長方形の作図位置を確定します。

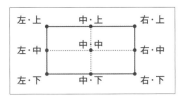

3　仮表示の長方形の「中・上」を**2**の点に合わせ、作図位置を決める🖱。

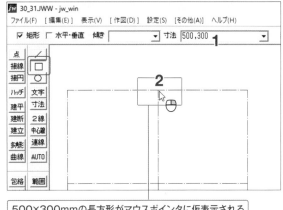

500×300mmの長方形がマウスポインタに仮表示される

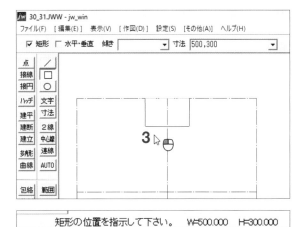

矩形の位置を指示して下さい。　W=500.000　H=300.000

113

32 作図済みの図や文字を雲マークで囲む

★☆☆

線記号変形ファイルによる雲マークの作図

「5」フォルダー
「32.jww」

Jw_cad本体には、雲マークを作図するコマンドはありません。
ここでは、本書の教材データとして用意されている線記号変形ファイル「JW_OPT4z.dat」を読み込むことで、書込線色・線種の雲マークを作図します。

1 対角を指示して雲マークを作図する

ホールとリビング間の片引き戸と、その左の収納の引違い戸を雲マークで囲みましょう。

1 「F」レイヤを書込レイヤにして、書込線を「線色8・実線」にする。

何も作図されていないレイヤを書込レイヤにする ➡ p.106
書込線の指定 ➡ p.34

2 「記変」(線記号変形) コマンドを🖱。

POINT

2の操作の代わりに、メニューバー[その他]-「線記号変形」を🖱しても同じです。

3 「ファイル選択」ダイアログのフォルダーツリーで、「jww_2301」フォルダーを🖱🖱。

4 その下に表示される「【線記号変形Z】雲マーク」を🖱。

5 「雲マーク (対角指示)」を🖱🖱。

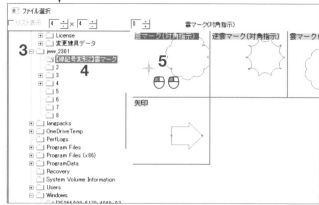

6 コントロールバー「グループ化」にチェックを付ける。

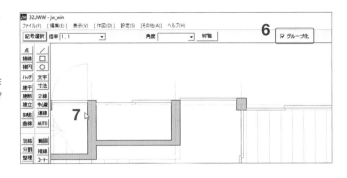

POINT

「グループ化」にチェックを付けると、ここで作図する雲マークが1要素として扱えるグループ（➡ p.104）になります。

7 作図位置として、右図の位置で🖱。

POINT

7では、囲む範囲の左下付近を🖱します。7の位置を指示しなおしたい場合は、Escキーを押します。

8 仮表示される雲マークを目安に、対角位置を決める🖱。

> 7の位置からマウスポインタまで雲マークが仮表示される

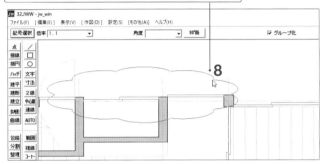

POINT

コントロールバー「記号選択」ボタンを🖱して他の記号を選択するか、他のコマンドを選択するまでは、同じ記号を連続して作図できます。

HINT　中心位置を指示して作図する

「雲マーク（中心指示）」と「逆雲マーク（中心指示）」を選択した場合には、その中心となる位置を指示して作図します。

1 「ファイル選択」ダイアログで「逆雲マーク（中心指示）」を🖱🖱。

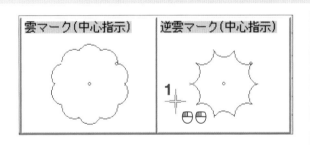

雲マーク（中心指示）　逆雲マーク（中心指示）

2 雲マークの中心となる位置を🖱。

3 仮表示される雲マークを目安に、作図位置を決める🖱。

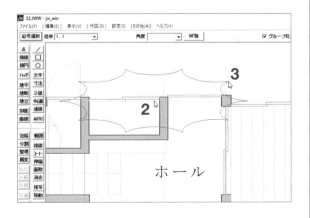

ホール

印刷されない捨て線の
水平線・垂直線を作図する

★★☆　補助線色・線種による捨て線の作図

「5」フォルダー
「33.jww」

ここでは、教材ファイルの1階平面図の右側に上下の位置をそろえて、2階平面図を他の図面ファイルからコピーするための準備をします。コピー時の指示点を作成するため、1階平面図右上角からの水平線と、それに交差する垂直線を作図しましょう。

このような目安のための捨て線（基準となる仮の線）は、印刷されない補助線色や補助線種で作図します。

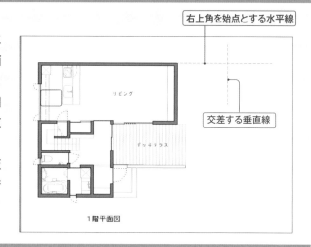

右上角を始点とする水平線

交差する垂直線

1階平面図

第5章　図面に線や図形を加筆する

1　印刷されない線を書込線にする

何も作図されていない「F」レイヤを書込レイヤにして、印刷されない線を書込線にしましょう。

1　レイヤバーの「F」レイヤを🖱。

2　「線属性」バーを🖱。

3　「補助線色」ボタンを🖱。

POINT

線色として「補助線色」を選択するか、または線種として「補助線種」を選択することで、印刷されない線を作図できます。ここでは、紙面で補助線がはっきりと見えるように、「補助線色」の「点線3」にして作図します。補助線色の画面上の色は、次ページのHINTで説明している手順で変更できます。

4　「点線3」ボタンを🖱。

5　「Ok」ボタンを🖱。

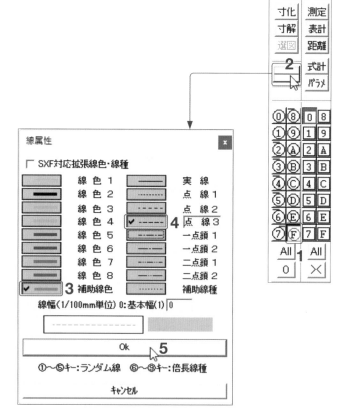

2 水平線と垂直線を作図する

平面図右上角から、水平線とそれに交差する
垂直線を作図しましょう。

1　「／」(線) コマンドを🖱し、コントロール
　　バー「水平・垂直」にチェックを付ける。

POINT

コントロールバー「水平・垂直」にチェックを付ける
と、線の角度が始点から0°、90°、180°、270°の
いずれかに固定されます。

2　始点として、平面図の右上角を🖱。

3　終点として、右図の位置で🖱。

4　垂直線の始点として、右図の位置で🖱。

POINT

始点指示後、マウスポインタを左右に移動すると水
平線が、上下に移動すると垂直線が、マウスポイン
タまで仮表示されます。水平線と垂直線は、始点か
らの角度45°を境に切り替わります。

5　終点として、右図の位置で🖱。

　　➡ **4**−**5**間に垂直線が書込線で作図される。

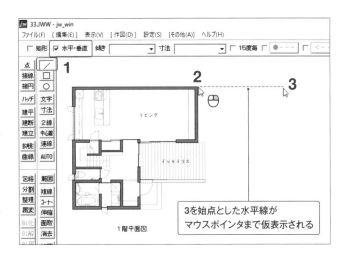

3を始点とした水平線が
マウスポインタまで仮表示される

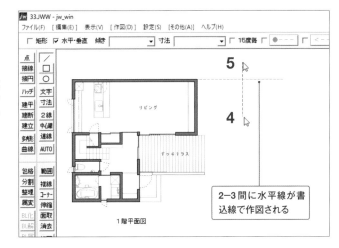

2−3間に水平線が書
込線で作図される

HINT　補助線色の画面表示色を変更するには

「補助線色」の画面上での表示色の設定を変え
ることができます。補助線色の設定は、図面ファ
イルには保存されません。

1　「基設」(基本設定) コマンドを🖱。

2　「jw_win」ダイアログの「色・画面」タ
　　ブを🖱。

3　「補助線色」ボタンを🖱。

4　「色の設定」ダイアログで色を🖱で選択
　　し、「OK」ボタンを🖱。

5　「jw_win」ダイアログの「OK」ボタン
　　を🖱。

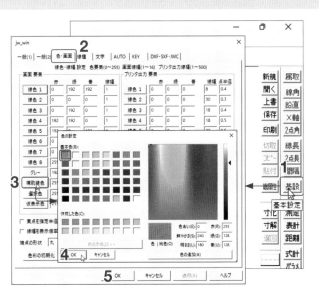

「5」フォルダー
「34.jww」

34 中心線や中心点を作図する

★★☆ 「中心線」「点」コマンドによる中心線・中心点の作図

新たに要素をコピーしたり、作図したりする位置の目安として、2つの要素の中心を示す中心線や、円・円弧の中心点を作図する方法を紹介します。

ここでは、書込線の指示はしませんが、印刷する必要のない中心線・中心点であれば、書込線を補助線色・補助線種（➡ p.116）などにして作図しましょう。

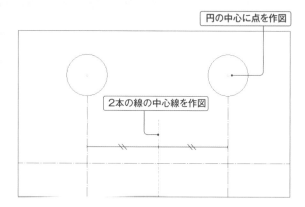

円の中心に点を作図

2本の線の中心線を作図

1 中心線を作図する

2本の垂直線の中心線を、水平線に交差するように作図しましょう。

1 「中心線」コマンドを🖱。

2 1つ目の要素として、左の垂直線を🖱。

POINT

「中心線」コマンドは、2線間（または2点間、線と点間）の中心線を任意の長さで作図します。対象とする線は🖱で、点は🖱で指示します。

3 2つ目の要素として、右の垂直線を🖱。

4 中心線の始点として、右図の位置で🖱。

5 中心線の終点として、右図の位置で🖱。

➡ 2〜3の中心線が、書込線で4から5まで作図される。

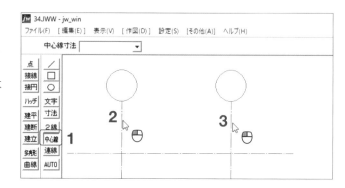

○ 2番目の 線・円 をマウス(L)で、読取点をマウス(R)で指示してください。

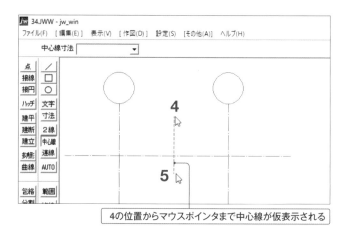

4の位置からマウスポインタまで中心線が仮表示される

第5章 図面に線や図形を加筆する

2 円・円弧の中心点を作図する

円の中心点を作図しましょう。

1 「点」コマンドを🖱。

2 コントロールバー「仮点」にチェックを付ける。

仮点は、印刷や編集の対象にならない点です。「仮点」にチェックを付けると、書込線色の仮点を作図します。「仮点」にチェックを付けないと、書込線色の実点を作図します。

3 メニューバー[設定]－「中心点取得」を🖱。

点指示時に「中心点取得」コマンドを選択することで、読取点のない円の中心点を指示できます。この機能は、「点」コマンドに限らず、他のコマンドでの点指示時にも同様に利用できます。

4 円を🖱。

➡ 🖱した円の中心に書込線色の仮点が作図される。

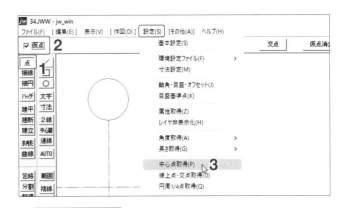

中心点と表示される

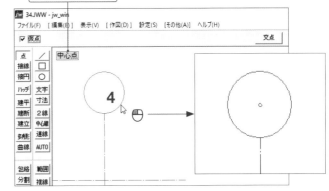

線・円指示で線・円の中心点　　読取点指示で2点間中心

HINT　2点間の中心点を指示する

上記の**4**で1つ目の点を🖱し、続けて2つ目の点を🖱することで、2点間の中心に仮点が作図されます。

4 長方形の左上角を🖱。

線・円指示で線・円の中心点　　読取点指示で2点間中心

5 長方形の右下角を🖱。

➡ **4**と**5**の中心位置に書込線色の仮点が作図される。

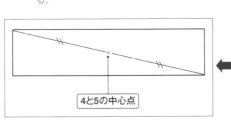

4と5の中心点

2点間中心　◆◆B点指示◆◆　(L)free　(R)Read

**間隔を指定して
平行線を作図する**

★★☆   「複線」コマンドによる平行線の作図

「5」フォルダー
「35.jww」

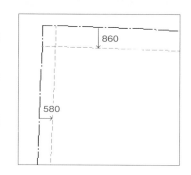

「複線」コマンドでは、基準とする線からの間隔を指定して平行な線を作図（平行複写）できます。1から図面を作図するときだけでなく、作図済みの図面に新たな要素を加筆したり、コピーしたりするときの指示点を作成する場合にも利用します。

ここでは、敷地図に平面図をコピーする準備として、敷地図の2辺から指定間隔の位置に平行な線を作図しましょう。

第
5
章

図面に線や図形を加筆する

1 作図済みの線を
指定位置に平行複写する

左辺を580mm右に、上辺を860mm下に、それぞれ平行複写して捨て線を作図しましょう。

1 「F」レイヤを書込レイヤにし、書込線を「補助線色・点線3」にする。

2 「複線」コマンドを🖱。

3 コントロールバー「複線間隔」ボックスに「580」を入力する。

> POINT
>
> 「複線」コマンドでは、指示した線（基準線）をコントロールバー「複線間隔」ボックスで指定した間隔（実寸mm）で平行複写します。

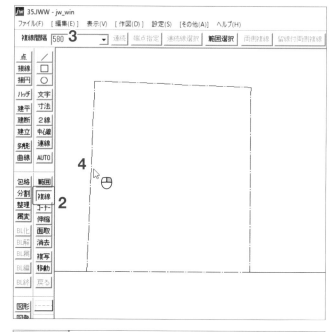

4 平行複写の基準線として、敷地図の左辺を🖱。

> POINT
>
> 操作メッセージの「複線にする図形を選択してください　マウス(L)　前回値　マウス(R)」に記載されいている「前回値」とは、コントロールバーの「複線間隔」ボックスの数値のことです。4で誤って🖱した場合は、コントロールバー「複線間隔」ボックスが空白になるので、「580」を再度入力してください。

➡ ░した左辺が複線の基準線として選択色になり、基準線から580mm離れた位置に平行線が仮表示される。

POINT

この段階で、**4**で指示した基準線の左右にマウスポインタを移動すると、平行線がマウスポインタのある側に仮表示されます。次の操作で、平行線を基準線の左右どちら側に作図するかを指示します。

5 敷地図の左辺の右側に平行線が仮表示された状態で、作図方向を決める░。

➡ 仮表示の平行線が書込線で、書込レイヤに作図される。

POINT

平行複写される線は、書込レイヤに書込線色・線種で作図されます。

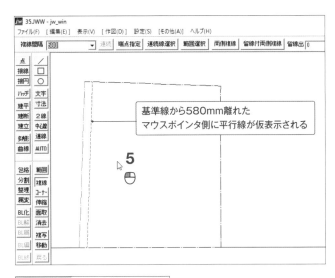

基準線から580mm離れた
マウスポインタ側に平行線が仮表示される

5

作図する方向を指示してください

6 コントロールバー「複線間隔」ボックスに「860」を入力する。

7 敷地図の上辺を░。

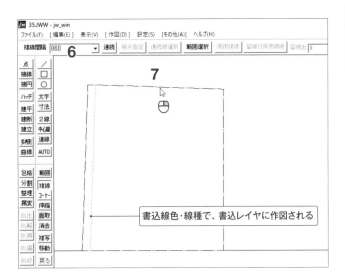

6

7

書込線色・線種で、書込レイヤに作図される

8 敷地図の上辺の下側に平行線を仮表示し、作図方向を決める░。

POINT

同じ操作手順で、円・円弧を平行複写することもできます。また、基準線として指示した要素が曲線属性やグループの複合要素の場合、複合要素全体が平行複写されます。

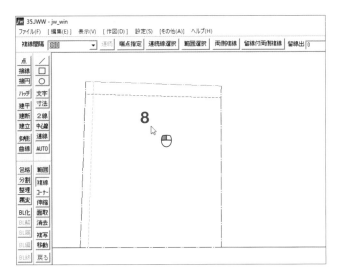

8

他の図面ファイルから図をコピーして貼り付ける

「コピー」「貼付」コマンドによる図のコピー

★☆☆

「5」フォルダー
「36.jww」
「36a.jww」

第5章　図面に線や図形を加筆する

他の図面ファイルの一部を作図中の図面に複写する場合や、別々の図面ファイルに作図されている図面を1枚の図面としてまとめる場合は、「コピー」&「貼付」の連続操作を行います。「コピー」&「貼付」では、コピー元図面の実寸法を保持して貼り付けるため、2つの図面の縮尺が異なる場合も支障ありません。

ここでは、S=1/100の平面図を「コピー」して、S=1/200の敷地図に「貼付」しましょう。

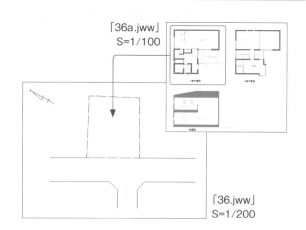

「36a.jww」
S=1/100

「36.jww」
S=1/200

1　貼付先の図で準備をする

貼付先の図面「36.jww」（S=1/200）を開き、1階平面図を正確な位置に貼り付けするための指示点を作図しましょう。

1　図面「36.jww」を開き、書込レイヤ「F」、書込線を「補助線色・点線3」にする。

2　「複線」コマンドを🖱。

3　敷地図左辺を580mm右に、敷地図上辺を860mm下に、それぞれ平行複写する。

「複線」コマンド ➡ p.120

4　タイトルバー右上の □（最小化）を🖱。

➡ 敷地図「36.jww」を開いたJw_cadがタスクバーに最小化される。

5　デスクトップの「Jw_cad」アイコンを🖱🖱し、Jw_cadをもう1つ起動する。

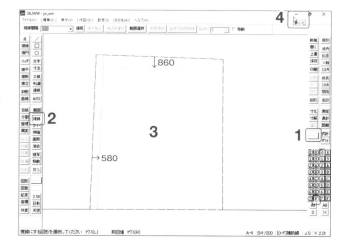

4で最小化したJw_cad

2 コピー元の図でコピー指示をする

新たに起動したJw_cadでコピー元の図面「36a.jww」(S=1/100)を開き、1階平面図をコピー対象として指定しましょう。

1 「開く」コマンドを🖰し、「36a.jww」を開く。

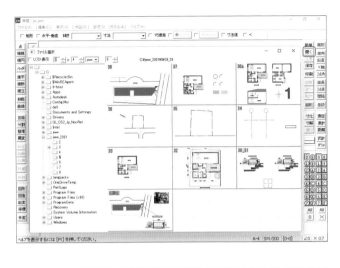

2 「範囲」(範囲選択)コマンドを🖰。

3 範囲選択の始点として、1階平面図の左上で🖰。

4 表示される選択範囲枠でコピー対象の1階平面図を囲み、終点を🖰(文字を含む)。

→ 選択範囲枠に全体が入る要素が、コピー要素として選択色になる。

POINT
この段階で要素を🖰(文字は🖰)することで、コピーする要素の追加や除外ができます。

5 コントロールバー「基準点変更」ボタンを🖰。

6 コピーの基準点として、平面図の左上角を🖰。

POINT
貼付先の図面で、正確な位置に配置するための基準点を指定します。

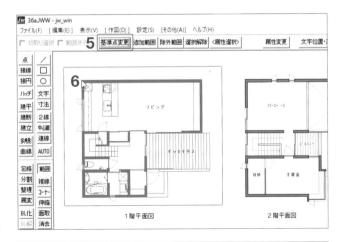

123

7 「コピー」コマンドを🖱。

　➡ 現在の選択要素がクリップボードにコピーされ、画
　　面左上に コピー と表示される。

POINT

「コピー」「貼付」コマンドは、選択した要素を同一図
面ファイルや別の図面ファイルに複写する機能で
す。Jw_cadはWindowsのOLE機能に対応してい
ないため、Jw_cad図面の一部を他のソフトウェア
の書類に貼り付けたり、他のソフトウェアのデータ
をJw_cad図面に貼り付けたりすることはできませ
ん。

3　貼付先の図で貼付指示をする

貼付先の図面「36.jww」(S=1/200)を開き、
前項でコピーした図を貼り付けましょう。

1　タスクバーのJw_cadを🖱。

2　表示される「36.jww-jw_win」を🖱。

　➡ 敷地図「36.jww」を開いたJw_cadが表示される。

3　「貼付」コマンドを🖱。

POINT

画面左上に表示される ●書込レイヤに作図 は、仮表示
の平面図すべてが現在の書込レイヤに貼り付けられ
ることを示しています。また、S=1/100の平面図
は実寸値を保ってS=1/200の図面に貼り付けられ
ます。そのため、見た目の大きさは元の1/2になり
ますが、図寸で扱われる文字の大きさは変化しませ
ん。ここでは、元図面と同じレイヤ分けで、文字の大
きさも1/2にして貼り付けるための作図属性を設定
します。

4　コントロールバー「作図属性」ボタンを🖱。

5　「作図属性設定」ダイアログで、「文字も倍
　　率」と「◆元レイヤに作図」にチェックを
　　付け、「Ok」ボタンを🖱。

POINT

「作図属性設定」ダイアログで「文字も倍率」にチェ
ックを付けることで、図面要素の大きさの変化と同
じ倍率で文字要素の大きさも変更されます。「◆元レ
イヤに作図」にチェックを付けることで、コピー元
と同じレイヤ分けで貼り付けられます。ここで指定
した設定は、Jw_cadを終了するまで有効です。

コピー と表示される

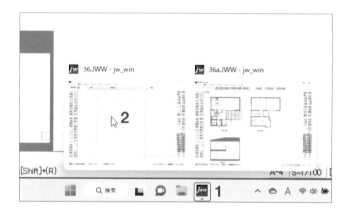

●書込レイヤに作図 と表示される

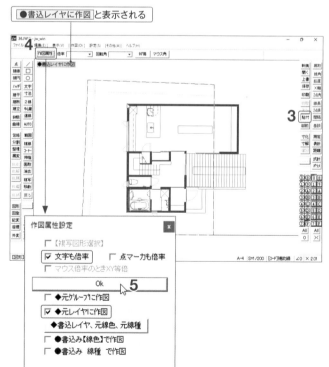

6 貼付位置として、あらかじめ作図してお
いた補助線交点を🖱。

➡ コピー元と同じレイヤ分けで作図され、マウスポイ
ンタにはコピー要素が仮表示される。

POINT

他のコマンドを選択するまでは、同じコピー要素を
続けて貼付できます。

7 「／」(線)コマンドを選択し、「貼付」コマ
ンドを終了する。

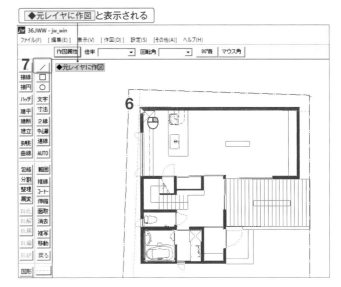

◆元レイヤに作図 と表示される

4 レイヤを確認する

「レイヤー覧」ウィンドウで、各レイヤの内容を
確認しましょう。

1 レイヤバーの書込レイヤボタンを🖱。

➡「レイヤー覧」ウィンドウが開く。

POINT

「◆元レイヤに作図」を指定したため、1階平面図は、
右下図のように元の平面図と同じレイヤ分けで作図
されます。ただし、レイヤ名はコピーされないため、
編集中の図面のレイヤ名は変更されません。

POINT

ここでは他の図面の一部をコピーするために2つの
Jw_cadを起動しました。他の図面ファイルを参照、
測定する場合にも、同様にして複数のJw_cadを起
動して行います。
ただし、複数のJw_cadを起動したままにしておく
と、パソコンによっては動作が不安定になることが
あります。それを回避するため、コピーや参照など
のために起動したJw_cadは作業終了後、最小化さ
れたタスクバーを🖱して最大化したうえで終了しま
しょう。最小化されたタスクバーのままで終了する
と、次にJw_cadを起動したときにツールバーの配
置が崩れることがあるので注意しましょう。

┌─────────────────────────────┐
│ ❓ こんなときはどうする？   │
│   │
│ ▶ コピーしたはずの線や円(p.123の5で選択色 │
│   の要素)が貼り付けられない ➡ p.226   │
└─────────────────────────────┘

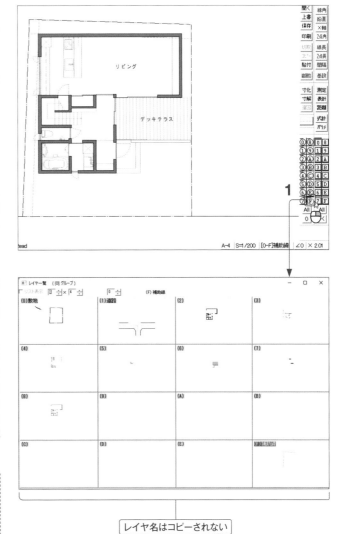

レイヤ名はコピーされない

125

37 図面の一部を塗りつぶす

★☆☆ 「ソリッド」の作成と「曲線属性化」

「5」フォルダー
「37.jww」

外周線や外周点を指示することで、それらに囲まれた範囲を塗りつぶすことができます。Jw_cadでは塗りつぶした部分を「ソリッド」と呼び、基本的に指示範囲を三角形に分割して塗りつぶします。このとき「曲線属性化」を指定しておくことで、これらの分割されたソリッドが1要素として扱えるようになります。

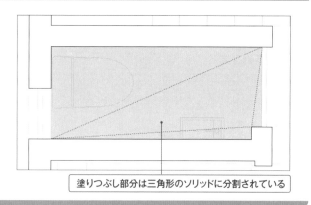

塗りつぶし部分は三角形のソリッドに分割されている

1 線に囲まれた内部を塗りつぶす

「8」レイヤが書込レイヤになっていることを確認し、壁をグレーで塗りつぶしましょう。

1 「多角形」コマンドを🖱。

POINT
1の操作の代わりに、メニューバー［作図］−「多角形」を🖱しても同じです。

2 コントロールバー「任意」ボタンを🖱。

3 コントロールバー「ソリッド図形」にチェックを付ける。

4 コントロールバー「任意色」にチェックを付ける。

POINT
3のチェックを付けると、塗りつぶし機能になります。4のチェックを付けない場合は、書込線色で塗りつぶします（両者の違い ➡ p.128 HINT）。

5 コントロールバー「任意□」ボタンを🖱。

6 「色の設定」ダイアログで「グレー」を🖱。

7 「OK」ボタンを🖱。

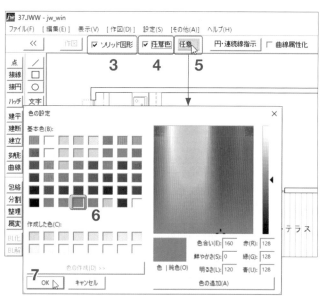

8 コントロールバー「曲線属性化」にチェックを付ける。

POINT
指定範囲を三角形に分割して塗りつぶします。「曲線属性化」にチェックを付けることで、これらの分割されたソリッドをひとまとまりの要素として扱えるようになります。

9 コントロールバー「円・連続線指示」ボタンを🖰。

POINT
9の操作で、閉じた連続線を指示するモードに切り替えます。

10 壁の線を🖰。

➡ 🖰した連続線に囲まれた範囲が塗りつぶされる。

11 順次、塗りつぶす壁の線を🖰。

POINT
他の線を誤って読み取らないように、確実に壁の線を指示できる位置で🖰してください。[計算できません] と表示される場合は、壁の線とは違う線を読み取っています。また、塗りつぶし範囲を示す外形線に関係ない線が交差していたり、複雑な形状の場合は、[4線以上の場合、線が交差した図形は作図できません] と表示され、塗りつぶせないことがあります。

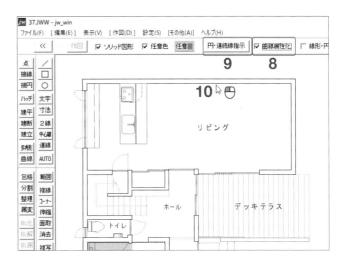

🖰した連続線に囲まれた範囲が塗りつぶされる

HINT　円・円弧を塗りつぶす（円ソリッド）

1～9の操作後、円を🖰すると円の内部が塗りつぶされます。
もしくは、円弧を🖰すると、円弧の両端点から円の中心点を結んだ内部を塗りつぶします。
なお、円・円弧を🖰して塗りつぶした部分を「円ソリッド」と呼びます。

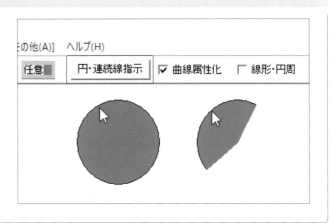

127

HINT 線や文字がソリッドに重なって隠れてしまう場合には

線や文字がソリッドに隠れて見えない場合には、以下の設定を行います。

1 「基設」(基本設定) コマンドを🖱。

2 「一般(1)」タブの「画像・ソリッドを最初に描画」にチェックを付ける。

3 「OK」ボタンを🖱。

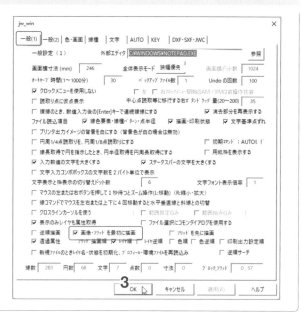

HINT ソリッドにおける「書込線色」と「任意色」の違い

コントロールバー「任意色」にチェックを付けない場合は書込線色で、チェックを付けた場合は「任意色」で指定の任意色で塗りつぶします。任意色で塗りつぶしたソリッドは、カラー印刷、モノクロ印刷のいずれでも、画面上と同じ任意色で印刷されます。それに対して、書込線色で塗りつぶしたソリッドは、必ずしも画面上と同じ色で印刷されるとは限りません。

カラー印刷時は、その線色(右図では線色1)に設定(➡ p.40)されているカラー印刷色で印刷されます。線色1のカラー印刷色を赤に設定していれば赤で印刷されます。

モノクロ印刷時には、すべての線色は黒で印刷されるため、書込線色で塗りつぶしたソリッドも黒で印刷されます。

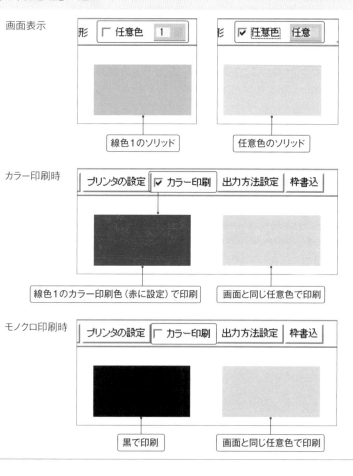

画面表示

線色1のソリッド　　　　任意色のソリッド

カラー印刷時

線色1のカラー印刷色（赤に設定）で印刷　　　画面と同じ任意色で印刷

モノクロ印刷時

黒で印刷　　　　画面と同じ任意色で印刷

第5章 図面に線や図形を加筆する

2 図面上のソリッドと同じ色で、点に囲まれた内部を塗りつぶす

続けて、浴室のソリッドと同じ色で、トイレ内部を塗りつぶしましょう。

1 コントロールバー「円・連続線指示」ボタンを🖰。

POINT

1の操作で、外周点を指示して塗りつぶし範囲を指定するモードに切り替えます。

2 浴室のソリッドを、Shiftキーを押したまま🖰。

POINT

既存のソリッド色を取得するには、Shiftキーを押したままソリッドを🖰します。

→ **2**のソリッド色がコントロールバー「任意　」に取得され、画面左上に16435787と色番号が表示される。

3 始点として、トイレの右上角を🖰。

4 中間点として、トイレの左上角を🖰。

5 次の点として、トイレの左下角を🖰。

6 次の点を🖰。

7 次の点を🖰。

8 次の点を🖰。

9 コントロールバー「作図」ボタンを🖰。

→ **3**〜**8**で指示した点に囲まれた範囲が、**2**で取得した色で塗りつぶされる。

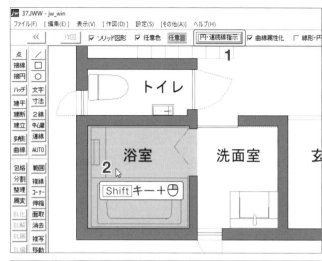

消えた画像を再度挿入しなおす

★☆☆ 「画像編集」コマンドによる画像の挿入

「5」フォルダー
「38.jww」
「IMG0318.bmp」

Jw_cad図面の画像は、その左下に記入された画像表示命令文（文字要素）によって、外部にある画像ファイルが指定サイズで表示されるという仕組みです。画像を挿入した図面ファイルだけを他のパソコンに渡して開くと、画像表示命令文で指定された場所に、指定された名称の画像ファイルがないため、右図のように画像表示命令文とそのサイズを示す枠だけが表示された状態になります。ここでは、そのような図面ファイルを開いたときに、画像を挿入しなおし、図面ファイルに同梱する方法を紹介します。ただし、これは表示（挿入）する画像ファイルが手元にあることが絶対条件です。

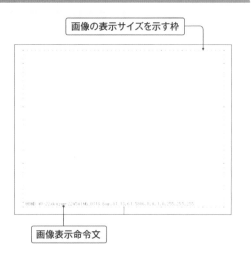

画像の表示サイズを示す枠

画像表示命令文

1 画像のサイズ枠を補助線で作図する

画像を挿入しなおすにあたり、記入されている画像表示命令文は消去します。これにより画像のサイズを示す枠も消去されます。画像を挿入しなおしたときに同じサイズで表示するため、画像のサイズを示す枠を、元の画像と同じレイヤに補助線で作図しましょう。

1 「属取」（属性取得）コマンドを🖱。

2 画像のサイズを示す点線の枠を🖱。

➡「A」レイヤが書込レイヤになる。

3 書込線を「補助線色・点線3」にする。

POINT

3では、印刷されない線として補助線色を指定しましたが、補助線種を指定してもかまいません。

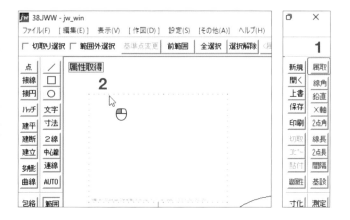

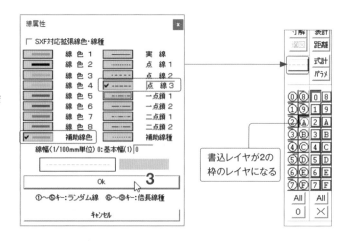

書込レイヤが2の枠のレイヤになる

4 「□」(矩形) コマンドを🖰。

5 コントロールバー「寸法」ボックスを「(無指定)」にする。

6 始点として、画像の枠の左下角を🖰。

7 終点として、画像の枠の右上角を🖰。

→ **6～7**を対角とする長方形が、書込レイヤに書込線色・線種で作図される。

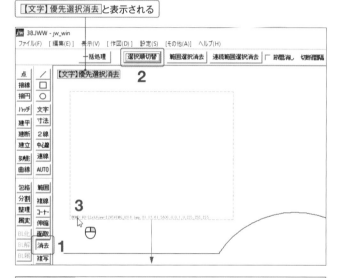

2 画像表示命令文を消去する

画像表示命令文を消去しましょう。

1 「消去」(図形消去) コマンドを🖰。

2 コントロールバー「選択順切替」ボタンを🖰。

POINT

ここでは、前項で作図した枠を消さないように、「選択順切替」ボタンを🖰して、文字要素を優先して消去する【文字】優先選択消去にします。再度「選択順切替」ボタンを🖰すると、文字以外の要素を優先して消去する線等優先選択消去に切り替わります。

3 消去対象の画像表示命令文を🖰。

→ 画像表示命令文とともに、元からあった枠が消去される。

3 画像を挿入して図面ファイルに同梱する

1で作図した補助線枠の左下角に合わせて、「5」フォルダーに用意されている画像を挿入し、図面ファイルに同梱しましょう。

1 メニューバー [編集] ー「画像編集」を🖰。

POINT

Jw_cadの「画像編集」コマンドでは、BMP形式の画像のみ図面上に挿入できます。JPEGなど他の形式の画像ファイルを挿入するには、別途Susie Plug-in (→ p.236) が必要です。

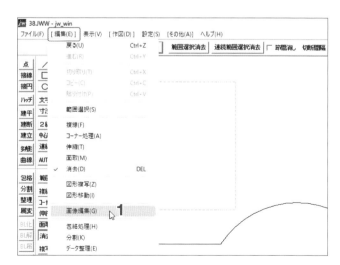

131

2 コントロールバー「画像挿入」ボタンを🖱。

3 「開く」ダイアログのフォルダーツリー
　　で、「jww_2301」フォルダー下の「5」フ
　　ォルダーを🖱。

4 「IMG_0318.bmp」を🖱。

5 「開く」ボタンを🖱。

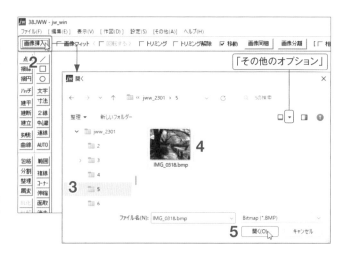

POINT

「開く」フォルダーでの画像ファイルの表示状態は、
「その他のオプション」を🖱して表示されるリストか
ら選択できます。右図では「大アイコン」を選択して
います。

6 画像の挿入位置として、枠の左下角を🖱。

　➡ 次図のように、**6**の位置に左下角を合わせ、横幅を図
　　寸100mmとする画像が挿入される。

POINT

画像は、その横幅が図寸100mmになる大きさで挿
入されます。大きさの調整は挿入後に行います。

■ 基準点を指示して下さい （L)free （R)Read

画像を図面ファイルに同梱しましょう。

7 コントロールバー「画像同梱」ボタンを🖱。

8 同梱を確認するメッセージウィンドウが
　　開くので、「OK」ボタンを🖱。

9 同梱結果のメッセージウィンドウが開く
　　ので、「OK」ボタンを🖱。

POINT

挿入した画像を図面ファイルに同梱して上書き保存
することで、図面ファイルだけを他のパソコンに渡
した場合にも、開いた図面に画像が表示されます。

10 「上書」（上書き保存）コマンドを🖱。

POINT

「画像同梱」を行わずに図面を保存した場合、作図ウ
ィンドウ左上に 同梱されていない画像データがあります。
Jwwデータを受け渡す場合、画像ファイルも一緒に受け渡す
必要があります。 とメッセージが表示されます。

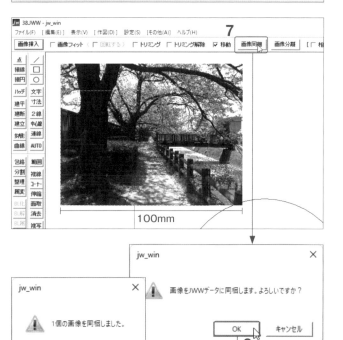

132

4 画像の大きさを変更する

挿入した画像を補助線枠の大きさに変更しましょう。

1 コントロールバー「画像フィット」を🖱。

2 画像の始点として、画像の左下角を🖱。

3 画像の終点として、画像の右上角を🖱。

4 フィットさせる（大きさを合わせる）範囲の始点として、補助線枠（画像）の左下角を🖱。

5 フィットさせる範囲の終点として、補助線枠の右上角を🖱。

➡ 補助線枠の大きさに変更される。

POINT

ここでは画像と補助線枠の縦横比が同じですが、画像と補助線枠の縦横比が異なる場合は、画像の縦横比を保ったまま画像の長いほうの辺をフィットさせる範囲に合わせて大きさが変更されます。

HINT 画像の一部分を表示（トリミング）するには

上記では、画像全体を補助線枠の大きさに変更しましたが、大きさを変更しないで補助線枠内の画像だけを表示する場合には、以下の「トリミング」を行います。

1 コントロールバー「トリミング」を🖱。

2 トリミング範囲の始点として、補助線枠の左下角を🖱。

3 トリミング範囲の終点として補助線枠の右上角を🖱。

➡ **2**-**3**を対角とする長方形の範囲が表示される。

POINT

「トリミング」は、Jw_cadの図面上で画像を表示させる範囲を指示する機能です。画像ファイル自体は加工されないため、コントロールバー「トリミング解除」にチェックを付けてトリミングを解除する画像🖱をすることで、再び画像全体が表示されます。

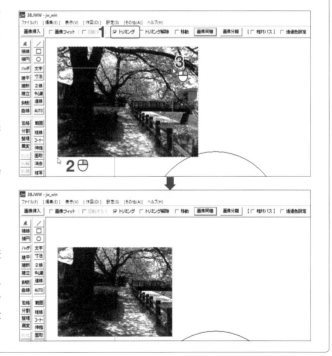

COLUMN

1ファイルに複数枚の図面が 作図されていることもある

作図済みの図面に加筆するときは、その図面のレイヤ・レイヤグループ分けや、線の太さ（線色）の使い分けを把握しておく必要があります。レイヤ・レイヤグループ分けの確認方法についてはp.92の24とp.96の25を、線の太さの使い分けの確認方法についてはp.36の08を、それぞれ参照してください。

また、一般的にCADでは1ファイルに1枚の図面を作図しますが、レイヤ・レイヤグループごとの連続印刷機能などを備えるJw_cadでは1ファイルに複数枚の図面が作図されていることもあります。
以下に、そのようなレイヤグループの使い分けの例を紹介します。

▶ レイヤグループの使い分けの例

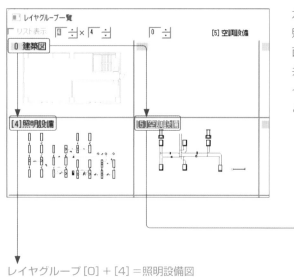

左図は、1つの図面ファイルでレイヤグループ分けを行い、照明設備図と空調設備図の2つの図面を作図した場合の図面ファイルのレイヤグループ一覧です。
共通する建築図を[0]レイヤグループに作図しておき、レイヤグループの表示状態を切り替えることで、照明設備図と空調設備図を使い分けます。

レイヤグループ[0]＋[4]＝照明設備図

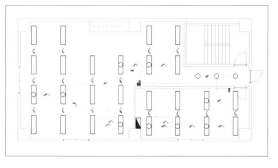

レイヤグループ[0]＋[5]＝空調設備図

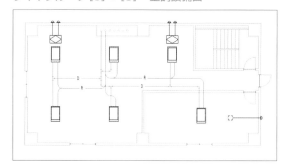

第6章

図面の一部または全体を
変更する

第6章では、縮尺や図の幅・高さ、線の長さ、線の種類・太さ・レイヤ、塗りつぶしの色、ブロックなど、図面の一部または全体を変更するときの操作方法を解説します。

図面の縮尺を変更する

★☆☆　作図済みの図面や受け取った図面の縮尺の変更

「6」フォルダー
「39.jww」

Jw_cad図面の縮尺はいつでも変更可能です。ここでは、作図済みの図面の縮尺や、元図面とは違う縮尺で開かれたDXFファイルの縮尺を変更する方法を説明します。
なお、ここで使用する図面ファイル「39.jww」は、DXFファイルを開いてJWW形式で保存しなおしたファイルです。

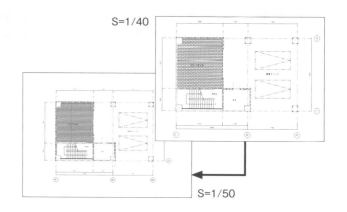

S=1/40

S=1/50

1　縮尺の変更前に寸法が正しいか確認する

縮尺変更する前に、念のため、図面の寸法が正しいかを「測定」コマンドで測定して確認しましょう。

1　「属取」(属性取得)コマンドを🖱。

2　寸法線を🖱。

3　「キャンセル」ボタンを🖱。

POINT

2の線はブロック(➡ p.104)の一部のため、右図のダイアログが開きます。この段階で属性取得は完了しており、2が作図されているレイヤが書込レイヤになっているので、「キャンセル」ボタンを🖱してダイアログを閉じます。

4　「測定」コマンドを🖱。

5　距離測定の始点を🖱。

6　終点を🖱。

POINT

寸法の表記と実際の寸法が違う場合には、正しい寸法に調整する必要があります(➡ p.224)。

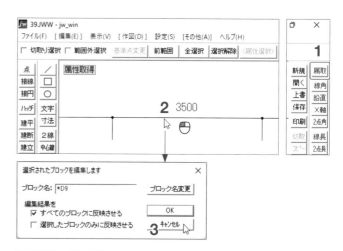

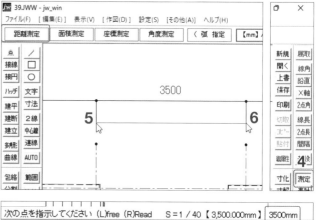

寸法の表記と実際の寸法が同じであることを確認する

第6章｜図面の一部または全体を変更する

2 図面全体の縮尺を変更する

S=1/40の縮尺を実寸法を保ったままS=1/50
に変更しましょう。

1 ステータスバー「縮尺」ボタンを🖱。

➡「縮尺・読取　設定」ダイアログが開く。

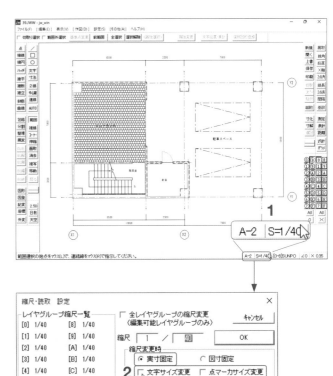

2 「縮尺変更時」欄の「実寸固定」が選択され
ていることを確認し、「文字サイズ変更」
と「点マーカサイズ変更」にチェックを付
ける。

POINT

「実寸固定」では実寸法を保ったまま縮尺を変更し
ます。ただし、文字や点マーカ（➡ p.237）の大きさ
は図寸（➡ p.237）で管理されているため変更されま
せん。**2**のチェックを付けることで、縮尺の変更に伴
って文字や点マーカの大きさも同じ割合で変更しま
す。変更した文字の種類は任意サイズになります。

3 「全レイヤグループの縮尺変更」にチェッ
クを付ける。

POINT

通常は、書込レイヤグループの縮尺を変更します。
DXFファイルを開いた場合は、書込レイヤグループ
以外のレイヤグループにも作図要素があることを考
慮し、**3**のチェックを付けて編集可能なレイヤグル
ープすべての縮尺を変更します。

4 「縮尺」の「分母」ボックスに「50」を入力
する。

5 「OK」ボタンを🖱。

➡ S=1/50に変更され、作図ウィンドウに表示される
図面が用紙の中心を基準に一回り小さくなる。

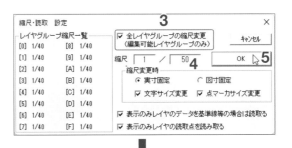

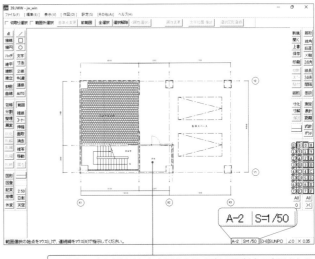

2でチェックを付けると文字要素のサイズも同じ割合で変更される

40

★☆☆

図の一部を伸縮して
幅や高さを変更する

「パラメ」（パラメトリック変形）コマンドによる図の伸縮

「6」フォルダー
「40.jww」

「パラメ」（パラメトリック変形）コマンドは、作図済みの図の一部を伸縮することで全体の幅や高さを変更する機能です。

ここでは、完成した平面図「40.jww」の通り芯X2とその左隣の壁芯の間隔を300mm左側に伸ばす例で、伸縮方法を説明します。

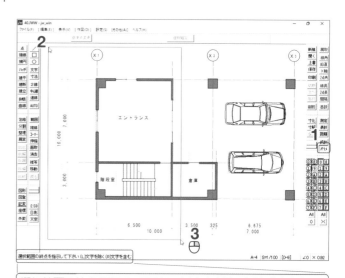

1 壁芯と通り芯X2間を 300mm左側に伸ばす

X2とその左隣の壁芯間3500mmを左側に300mm伸ばしましょう。

1 「パラメ」（パラメトリック変形）コマンドを🖱。

POINT

1の操作の代わりに、メニューバー［その他］－「パラメトリック変形」を🖱しても同じです。

2 範囲選択の始点として、右図の位置で🖱。

3 選択範囲枠で右図のように囲み、終点を🖱（文字を含む）。

POINT

伸縮する線要素が選択範囲枠に交差するように囲みます。この図では、伸縮する壁部分が選択範囲枠に交差するように囲みます。また、選択範囲枠内の文字も対象に含めるため、終点は🖱します。

第6章 図面の一部または全体を変更する

POINT

選択範囲枠に片端点が入る線は選択色の点線に、全体が入る要素は選択色になります。この後の指示で、点線表示の線が伸縮し、それに伴って選択色の要素が移動します。伸縮するのは直線（寸法図形の線、曲線属性が付加された線を含む）とソリッド（円形ソリッドは除く）だけで、円・円弧、ブロックなどは伸縮の対象（選択色の点線）になりません。また、この段階で線・円を🖱（文字は🖱）することで、移動対象として追加することや、移動対象から除外することができます。

4 コントロールバー「選択確定」ボタンを🖱。

伸縮対象線は選択色の点線で表示される

5 コントロールバー「数値位置」ボックスに「−300,0」を入力する。

数値位置 -300,0 **5**

POINT

「数値位置」ボックスには、X（左右）方向とY（上下）方向の移動距離を「,」（カンマ）で区切って入力します。ここでは、左に300mm移動しますが、上下には移動しないため、Xは「−300」、Yは「0」を指定します。XとYの数値は、右と上は＋（プラス）値、左と下は−（マイナス）値で指定します。

6 Enter キーを押して確定する。

➡ パラメトリック変形され、画面左上に右図のメッセージが表示される。変形対象は選択色のままで、続けてパラメトリック変形ができる状態である。

POINT

この図の寸法は寸法図形のため、変形後の寸法に自動で変更されます。

7 コントロールバー「再選択」ボタンを🖱。

➡ 変形対象が解除され、元の色に戻る。

【図形をパラメトリック変形しました】（−300,0）と表示される

寸法値も自動的に変更される

線の長さを伸縮する

★★☆　「伸縮」（線伸縮）コマンドによる線の伸縮

「6」フォルダー
「41.jww」

個別に線や円弧を伸縮するには、「伸縮」（線伸縮）コマンドを使います。

ここでは、線を伸縮する例で「伸縮」（線伸縮）コマンドの使い方を説明しますが、同じ手順で円弧を伸縮することもできます。

「伸縮」（線伸縮）コマンドの操作メッセージ

指示点までの伸縮線(L)　線切断(R)　基準線指定(RR)

線を🖱位置で切断する

線や円弧を🖱し、
次に指示する位置まで伸縮する ➡ 1〜2

伸縮の基準線を🖱🖱で指定し、次に指示する
線・円弧を基準線まで伸縮する ➡ 3

1　線を指示点まで伸ばす

水平線を垂直線との交点まで伸ばしましょう。

1　「伸縮」（線伸縮）コマンドを🖱。

2　伸縮対象線として、上の水平線を🖱。

3　伸縮位置として、垂直線の上端点を🖱（Read）。

POINT

1の線は垂直線と交差していないため、その交点を🖱することはできませんが、垂直線の上端点を🖱することで伸縮位置を指示できます。伸縮対象線の線上以外の位置で伸縮位置を指示した場合、その点から伸縮対象線に垂線を下ろした位置まで伸縮されます。

2の🖱位置に水色の〇が仮表示される

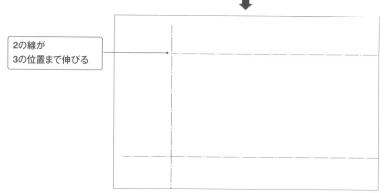

2の線が
3の位置まで伸びる

2 線を指示点まで縮める

続けて、次の水平線を垂直線との交点まで縮めましょう。

1 伸縮対象線として、次の水平線を垂直線との交点よりも右側で🖱。

線を縮める場合、線を残す側で🖱します。伸縮対象線を🖱する位置が重要となるので注意しましょう。

2 伸縮位置として、垂直線との交点を🖱。

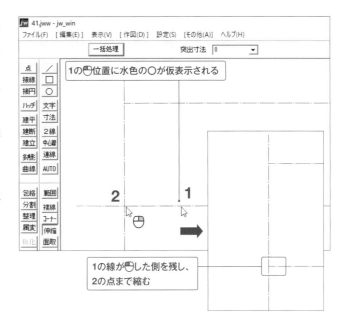

3 線を基準線まで伸縮する

続けて、斜線を伸縮の基準線として、その基準線まで3本の水平線を伸縮しましょう。

1 伸縮の基準線として、斜線を🖱🖱。

🖱と🖱の間にマウスを動かさないように注意してください。マウスが動くと🖱（線切断）を別々に2回指示したことになり、その位置で線が切断されて赤い〇が仮表示されます。その場合には「戻る」（元に戻す）コマンドを🖱し、切断前に戻します。なお、次に指示する伸縮線は、必ず基準線に対して残す側を🖱します。

→ **1**の線が基準線として選択色になる。

2 伸縮線として、上の水平線を🖱。

3 伸縮線として、次の水平線を基準線の左側で🖱。

4 伸縮線として、次の水平線を基準線の右側で🖱。

伸縮基準線を変更するか、他のコマンドを選択するまでは、伸縮する線を🖱することで、続けて同じ基準線まで伸縮できます。

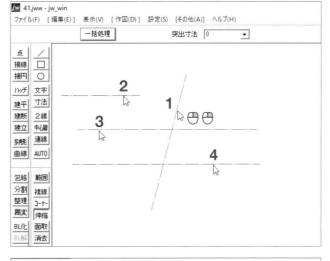

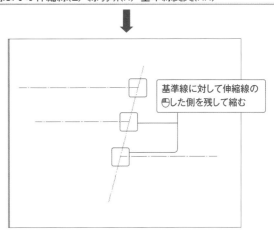

平面図の開口部の位置をずらす

★☆☆　　「パラメ」(パラメトリック変形)コマンドによる開口部の移動

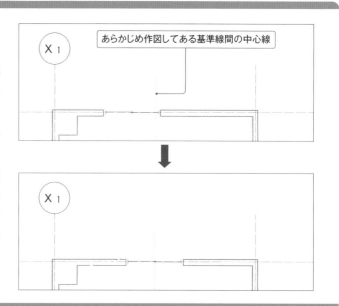

あらかじめ作図してある基準線間の中心線

p.138の40では、「パラメ」(パラメトリック変形)コマンドを利用して、図の一部を伸縮することで全体の幅を変更しました。この「パラメ」(パラメトリック変形)コマンドは、平面図上の開口部の位置をずらす場合にも利用できます。
ここでは、完成した平面図「42.jww」のY2通り上の開口部をX1とその右隣の壁芯の中央(事前に中心線が作図されている)に位置するようにずらす例で、その操作手順を説明します。

1 建具の中心が中心線に合うように開口部を移動する

「パラメ」(パラメトリック変形)コマンドで、Y2通りの建具を、その中心があらかじめ作図された中心線に合うように移動することで、左右の壁も伸縮します。

1　「パラメ」(パラメトリック変形)コマンドを🖱。

POINT

1の操作の代わりに、メニューバー[その他]−「パラメトリック変形」を🖱しても同じです。

2　範囲選択の始点として、右図の位置で🖱。

3　選択範囲枠で右図のように開口部を囲み、終点を🖱。

POINT

伸縮する左右の壁線が選択範囲枠に交差するように囲みます。

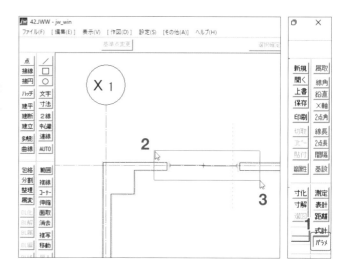

選択範囲の終点を指示して下さい (L)文字を除く(R)文字を含む

第6章　図面の一部または全体を変更する

4 コントロールバー「基準点変更」ボタンを
🖱。

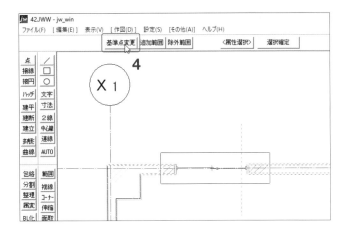

5 基準点として、建具の中心線の端点を🖱。

`POINT`

ここでは、建具は左右に移動するため、建具の中心
線上であればどの点を🖱してもかまいません。

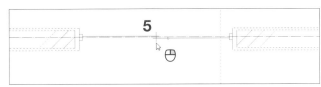

6 コントロールバー「XY方向」ボタンを
2回🖱し、「X方向」にする。

`POINT`

「XY方向」(横または縦方向固定)ボタンを🖱するた
びに、「任意方向」(移動方向の固定なし)⇒「X方向」
(横方向固定)⇒「Y方向」(縦方向固定)に切り替わり
ます。🖱では、その逆順に切り替わります。

7 移動先として、中心線の端点を🖱。

➡ 建具の中心位置が中心線に合うように開口部が移動
し、それに従って左右の壁線と選択されたハッチン
グ線も伸縮する。

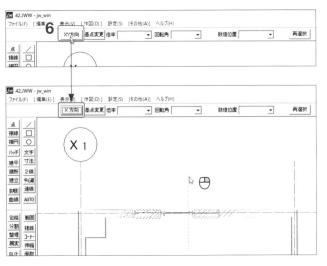

8 コントロールバー「再選択」ボタンを🖱。

➡ 変形対象が解除され、元の色に戻る。

`POINT`

ハッチングの線は一般の線と同様にパラメトリック
変形されるため、躯体のハッチングの一部の間隔が
狭まったり、線の向きが正しくないところがあった
りするかもしれません。これらを修正するにはハッ
チングをやりなおす必要があります(➡ p.154)。

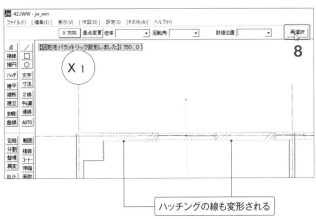

ハッチングの線も変形される

43 図のレイアウトが印刷範囲に収まるようにする

★☆☆

印刷枠の作図と図の移動

「6」フォルダー
「43.jww」

用紙枠ぎりぎりに作図された図面を印刷すると、図面の一部が印刷枠からはみ出して印刷されないことがあります。これは、プリンターの機種によって、用紙サイズが同じでも印刷できる範囲が異なるためです。

ここでは、作図済みの図を移動することで、印刷するプリンターの印刷枠に図面が収まるように調整する例で、図を移動する方法を説明します。

印刷枠を移動しても印刷枠内に図面が収まらない

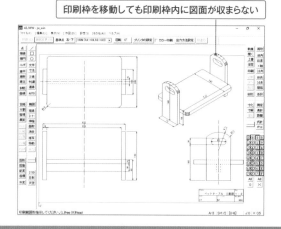

1 補助線で印刷枠を作図する

使用するプリンターの印刷範囲を把握するため、印刷枠を補助線で作図します。

1 「印刷」コマンドを🖱。

2 「プリンターの設定」ダイアログで「プリンター名を確認し、用紙サイズ「A3」、印刷の向き「横」を選択し、「OK」ボタンを🖱。

3 何も作図されていない「F」レイヤを🖱して書込レイヤにする。

4 「書込線」を補助線（➡ p.116）にする。

印刷枠を移動するには ➡ p.33

5 コントロールバー「枠書込」ボタンを🖱。

　➡ 印刷枠が書込線で書込レイヤに作図される。

6 「／」（線）コマンドを🖱して、「印刷」コマンドを終了する。

2のプリンターで印刷可能範囲を示すA3用紙・横の印刷枠

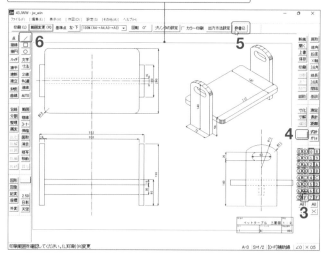

2 印刷枠からはみ出している 表題枠を移動する

ここでは、表題枠が印刷枠からはみ出している ので、印刷枠の内側に移動します。

1 他のレイヤ(右図では「8」)を書込レイヤ にして、印刷枠を作図した「F」レイヤを 表示のみレイヤにする。

レイヤ状態の変更 ➡ p.95

POINT
作図した印刷枠を目安に移動しますが、誤って印刷 枠を編集することのないように表示のみレイヤにし ます。

2 「範囲」(範囲選択)コマンドを🖱。

3 表題枠の左上で🖱。

4 選択範囲枠で表題枠を囲み、終点を🖱。

POINT
枠内の文字も移動するため、終点は🖱(文字を含む) します。

➡ 選択範囲枠内の要素が選択色になる。

5 「移動」(図形移動)コマンドを🖱。

➡ 自動的に決められた基準点にマウスポインタを合わ せて、移動対象が仮表示される。

6 コントロールバー「基点変更」ボタンを🖱。

POINT
表題枠の右下角が印刷枠のやや内側に入るように移 動したいので、「基点変更」ボタンを🖱して移動の基 準点を表題枠の右下角に変更します。

7 移動の基準点として、表題枠の右下角を 🖱。

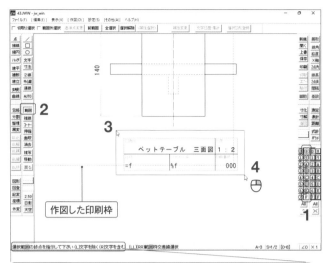

作図した印刷枠

選択範囲の終点を指示して下さい (L)文字を除く (R)文字を含む

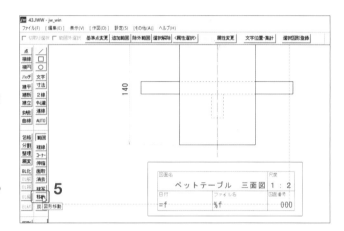

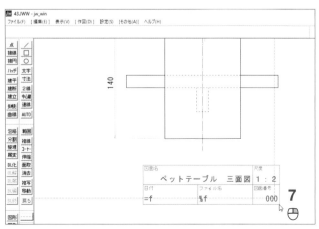

■■■■ 基準点を指示して下さい (L)free (R)Read ■■■■

43

図のレイアウトが印刷範囲に収まるようにする

145

➡ 表題枠の右下角が基準点になり、マウスポインタに
　表示される。

**8　移動先として、印刷枠の右下角のやや内
　　側で🖱。**

➡ 🖱位置に表題枠の右下角を合わせ、移動する。マウス
　ポインタには同じ移動要素が仮表示されている。

POINT

他のコマンドを選択するまでは、次の移動先を指示
することで同じ要素を続けて移動できます。

**9　「／」（線）コマンドを🖱して、「移動」（図形
　　移動）コマンドを終了する。**

3　側面図を左に移動する

続けて、側面図を上下の位置はそのままで、左
に移動しましょう。

1　「範囲」（範囲選択）コマンドを🖱。

2　側面図の右下で🖱。

3　選択範囲枠で側面図を囲み、終点を🖱。

POINT

3は、上の立体図が選択範囲枠に入らないような位置
で🖱します。その結果、右図では側面図の中心線が
選択範囲枠に入りませんが、後から🖱して追加しま
す。

➡ 選択範囲枠内の要素が選択色になる。

4　移動対象に追加する線を🖱。

POINT

線・円・点は🖱で、文字は🖱で、要素を追加選択した
り、選択されている要素を除外したりできます。

➡ **4**の線が選択色になる。

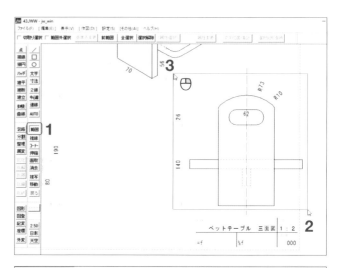

「任意方向」以外の場合は何度か🖱し、「任意方向」にする

移動先の点を指示して下さい　(L)free　(R)Read　Enter─基点変更　X

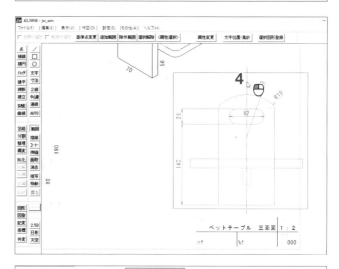

選択範囲の終点を指示して下さい　(L)文字を除く(R)文字を含む　(L

追加・除外図形指示　　線・円・点(L)、文字(R)、連続線[Shift]+(R)

5 「移動」（図形移動）コマンドを🖰。

→ 自動的に決められた基準点にマウスポインタを合わせ、移動対象が仮表示される。

6 コントロールバー「任意方向」ボタンを🖰。

POINT

「任意方向」（固定なし）ボタンを🖰するたびに、移動方向が「X方向」（横方向固定）⇒「Y方向」（縦方向固定）⇒「XY方向」（横と縦の移動距離の長いほうに固定）に切り替わります。🖰では、その逆順に切り替わります。

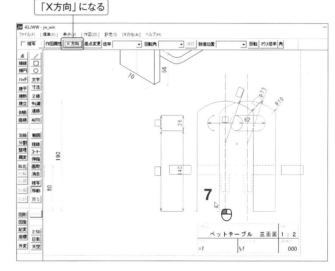

「X方向」になる

→ 「X方向」になり、移動対象の仮表示の移動方法が横方向に固定される。

7 仮表示を確認しながら、印刷枠内に収まる位置で🖰。

→ 🖰位置に移動する。

8 「／」（線）コマンドを🖰し、「移動」（図形移動）コマンドを終了する。

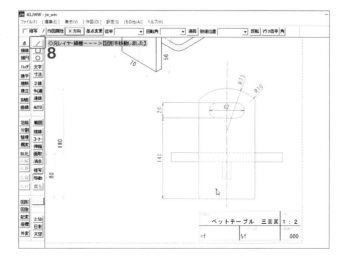

147

44 作図済みの図面の線色・線種・レイヤをまとめて変更する

★☆☆ 「属性変更」による線色・線種・レイヤの一括変更

「6」フォルダー
「44.jww」

第6章 図面の一部または全体を変更する

「範囲」（範囲選択）コマンドの「属性変更」を利用すれば、作図済みの図面の線色や線種、レイヤを一括して変更できます。「属性」とは、p.100で説明したように、各要素に付随する性質であり、線色・線種・作図されているレイヤのことです。それらを変更する機能が「属性変更」です。

ここでは、図面「44.jww」の平面図の表示のみレイヤ「F」以外の線色をすべて線色1にし、「0」レイヤに変更する例で説明します。

「44.jww」のレイヤ分け

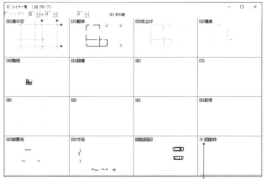

「F」は属性変更しないため表示のみレイヤ

1 すべて、線色1・「0」レイヤに変更する

平面図のすべての線色を線色1にし、「0」レイヤに移動しましょう。

1 「範囲」（範囲選択）コマンドを🖱。

2 コントロールバー「全選択」ボタンを🖱。

POINT

「全選択」ボタンを🖱することで、書込・編集可能レイヤのすべての要素が選択されます。図面の一部の要素を変更する場合は、2で変更対象を範囲選択します。

3 移動先の「0」レイヤを🖱し、書込レイヤにする。

4 コントロールバー「属性変更」ボタンを🖱。

➡ 属性変更のダイアログが開く。

5 「指定【線色】に変更」を🖱。

➡「線属性」ダイアログが開く。

6 変更後の線色として、「線色1」ボタンを🖱。

7 「Ok」ボタンを🖱。

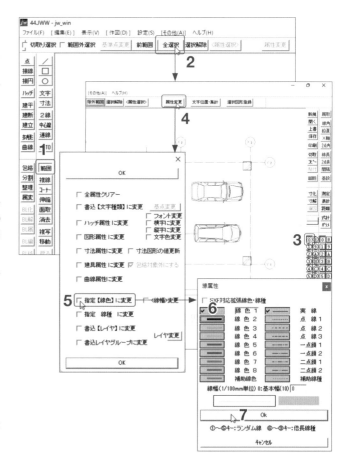

➡ 属性変更のダイアログに戻る。

8 「書込【レイヤ】に変更」にチェックを付ける。

POINT

このダイアログでチェックが付いた2つの属性を変更します。ここで、さらに「指定 線種 に変更」を🖐して線種を指定することで、同時に3つの属性を変更することもできます。

9 「指定【線色】に変更」と「書込【レイヤ】に変更」にチェックが付いていることを確認し、「OK」ボタンを🖐。

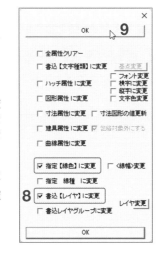

➡ 選択要素が線色1になり、「0」レイヤに変更される。

POINT

文字の色は変更されません。文字の色も変更するには、属性変更のダイアログで「文字色変更」にチェックを付けます。また、右図で自動車の線色が変更されていないのは、自動車がブロック（➡ p.104）になっているためです。ブロックの要素の線色・線種を変更するには、ブロックをあらかじめ解除（➡ p.165）しておく必要があります。

10 書込レイヤ「0」を🖐。

色変更されない要素はブロック

11 「レイヤー覧」ウィンドウで、選択した要素が「0」レイヤに変更されていることを確認する。

POINT

レイヤが変更されたかは、「レイヤー覧」ウィンドウを開いて確認します。また、レイヤバーを確認し、「0」レイヤと表示のみレイヤの「F」レイヤ以外のボタン上に、要素の存在を示すバーが表示されていなければレイヤが変更されています。

2で選択した要素が「0」レイヤに変更されている

❓ こんなときはどうする？

▶ レイヤが変更されない要素がある ➡ p.232

45 特定の要素の線色・線種・レイヤを まとめて選択・変更する

★☆☆

「属性選択」による特定の線種の選択と一括変更

「6」フォルダー
「45.jww」

「属性選択」機能を利用することで、ユーザー定義線種に限らず、特定の線色・線種・レイヤの要素やハッチングなどの性質を持った要素だけを選択し、線色・線種・レイヤなどを変更できます。ここでは、「レイヤ一覧」ウィンドウに表示されないユーザー定義線種の要素だけを選択し、標準線種の「一点鎖2」に変更する例で説明します。

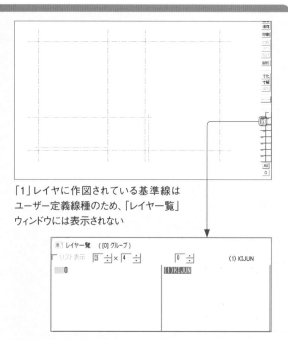

「1」レイヤに作図されている基準線はユーザー定義線種のため、「レイヤ一覧」ウィンドウには表示されない

1 変更対象の線を属性取得する

赤色の一点鎖線の基準線を属性取得しましょう。

1 「属取」(属性取得) コマンドを🖱。

POINT

1の操作の代わりに、メニューバー [設定] −「属性取得」を🖱するか、Tab キーを押しても同じです。

2 基準線を🖱。

➡ 2と同じ線色・線種が書込線になり、2が作図されているレイヤが書込レイヤになる。

属性取得 と表示

2 属性取得した線種だけを選択し、他の線種に変更する

前項で属性取得した線種だけを選択して、「一点鎖2」に変更しましょう。

1 「範囲」(範囲選択) コマンドを🖱。

2 コントロールバー「全選択」ボタンを🖱。

POINT

「全選択」ボタンを🖱することで、書込・編集可能レイヤのすべての要素が選択されます。図面の一部の要素を変更する場合は、**2**で変更対象を範囲選択します。この段階で変更対象以外の要素が選択されていても支障ありません。

3 コントロールバー「〈属性選択〉」ボタンを🖱。

POINT

選択色で表示されている要素の中から、属性選択のダイアログで指定する条件に合う要素だけを選択、または除外できます。

4 属性選択のダイアログで「指定 線種 指定」を🖱。

5 「線属性」ダイアログで「ユーザー定義線種」が選択されていることを確認し、「Ok」ボタンを🖱。

POINT

前項で変更対象の線を属性取得したため、その線と同じ線種が「線属性」ダイアログで選択された状態になっています。

6 属性選択のダイアログで「指定 線種 指定」と「【指定属性選択】」にチェックが付いていることを確認し、「OK」ボタンを🖱。

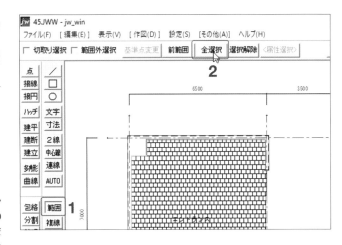

書込・編集可能レイヤのすべての要素が選択され、選択色になる

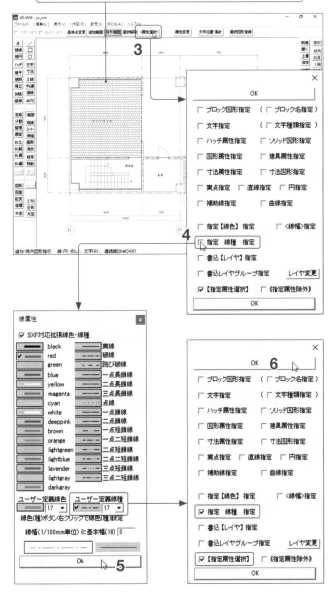

151

→ 5で指定した線種の要素だけが選択される。他の要素は、選択から除外されて元の色に戻る。

7 コントロールバー「属性変更」ボタンを🖱。

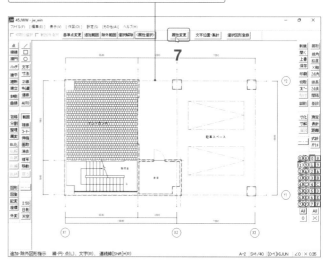

5で指定したユーザー定義線種だけが選択色になる

→ 属性変更のダイアログが開く。

8 「指定 線種 に変更」を🖱。

→ 現在の書込線が選択された状態の「線属性」ダイアログが開く。

9 「線属性」ダイアログの「SXF対応拡張線色・線種」を🖱し、チェックを外す。

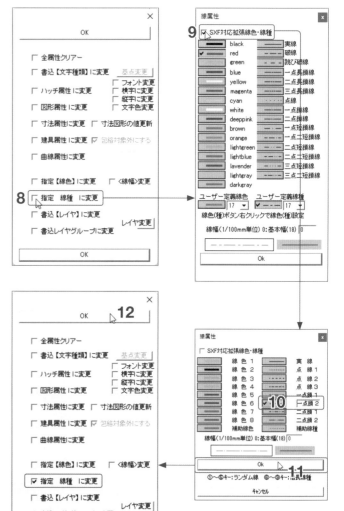

10 「一点鎖2」ボタンを🖱。

11 「Ok」ボタンを🖱。

12 「指定 線種 に変更」にチェックが付いていることを確認し、「OK」ボタンを🖱。

→ **5**で選択されたユーザー定義線種が、**10**で指定した
「一点鎖2」に変更される。

13 「レイヤー覧」ウィンドウを開き、「一点鎖
2」に変更された基準線が「1」レイヤに表
示されることを確認する。

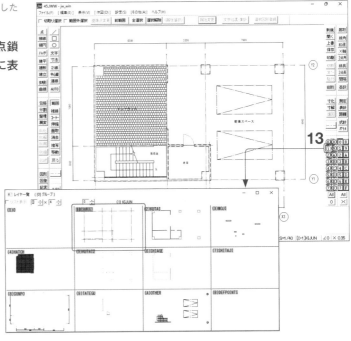

13

HINT　**属性選択で指定できる属性**

p.151で開いた属性選択のダイアログでは、選択（または除外）する要素の条件を指定します。

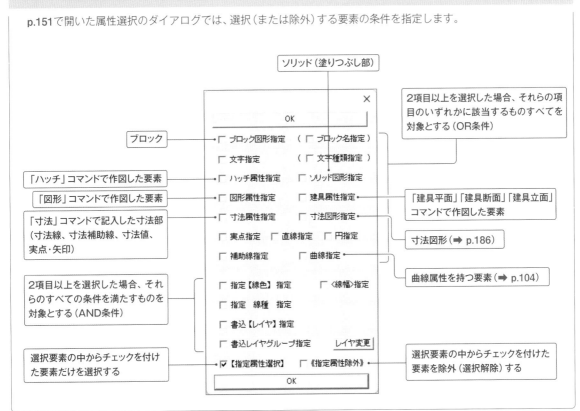

ソリッド（塗りつぶし部）

2項目以上を選択した場合、それらの項
目のいずれかに該当するものすべてを
対象とする（OR条件）

ブロック

「ハッチ」コマンドで作図した要素

「図形」コマンドで作図した要素

「寸法」コマンドで記入した寸法部
（寸法線、寸法補助線、寸法値、
実点・矢印）

2項目以上を選択した場合、それ
らのすべての条件を満たすものを
対象とする（AND条件）

選択要素の中からチェックを付け
た要素だけを選択する

「建具平面」「建具断面」「建具立面」
コマンドで作図した要素

寸法図形（⇒ p.186）

曲線属性を持つ要素（⇒ p.104）

選択要素の中からチェックを付けた
要素を除外（選択解除）する

153

作図済みのハッチングを変更する

★☆☆　　ハッチングの消去と作図

「6」フォルダー
「46.jww」

第6章　図面の一部または全体を変更する

「ハッチ」コマンドで作図したハッチングは「ハッチ属性」を持った線要素です。「ハッチ属性」には複数の要素をひとまとまりで扱う性質はないため、1本ごとに独立した線要素になります。

Jw_cadには作図済みのハッチングのパターンやピッチを変更する機能はありません。それらを変更する場合は、作図済みのハッチングを消し、再度「ハッチ」コマンドでハッチングを施します。ここでは、「46.jww」に作図されている2種類のハッチングをやりなおす例で、ハッチングの消去と作図の手順を説明します。

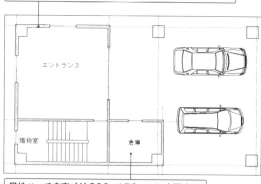

パラメトリック変形によって変形したハッチング線があるため、コンクリートのハッチングをやりなおす

目地ハッチを実寸法300×150mmに変更する

1　ハッチングだけを消去する

図面全体を対象にして、ハッチングだけを消去しましょう。

1　「範囲」(範囲選択)コマンドを🖱。

2　コントロールバー「全選択」ボタンを🖱。

POINT

「全選択」ボタンを🖱すると、書込・編集可能レイヤのすべての要素を選択します。

→ すべての要素が選択され、選択色になる。

3　コントロールバー「〈属性選択〉」ボタンを🖱。

POINT

選択色で表示されている要素の中から、属性選択のダイアログで指定する条件に合う要素だけを選択(または除外)することができます。

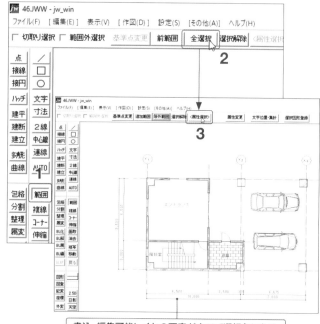

書込・編集可能レイヤの要素がすべて選択色になる

4 属性選択のダイアログで、「ハッチ属性指定」にチェックを付ける。

POINT

Jw_cadで作図したハッチングには、他の要素と区別するための「ハッチ属性」という性質が付随しています。4のチェックを付けることで、選択色の要素からハッチング要素だけを選択（または除外）することができます。

5 属性選択のダイアログで「ハッチ属性指定」と「【指定属性選択】」にチェックが付いていることを確認し、「OK」ボタンを🖱。

➡ ハッチングだけが選択色で表示される。それ以外の要素は元の色に戻る。

6 「消去」（図形消去）コマンドを🖱。

➡ 選択色で表示されていたハッチングだけが消去される。

2 閉じた連続線内部にハッチングを施す

「1」レイヤに作図されている躯体に、線色1の実線で3本線ハッチングを作図しましょう。

1 「8」レイヤを書込レイヤにして、「1」レイヤ以外を非表示レイヤにする。

レイヤ状態の変更 ➡ p.95

2 書込線を「線色1・実線」にする。

書込線の指定 ➡ p.34

3 「ハッチ」コマンドを🖱。

4 ハッチ範囲となる閉じた連続線（右図では躯体線）を🖱。

POINT

はじめにハッチングの範囲を指定します。対象が閉じた連続線の場合、その1つを🖱することで閉じた連続線全体が選択されます。

➡ 🖱した線に連続する線が選択色になり、コントロールバー「実行」ボタンが利用できるようになる。

5 他のハッチ範囲となる閉じた連続線を順次🖱。

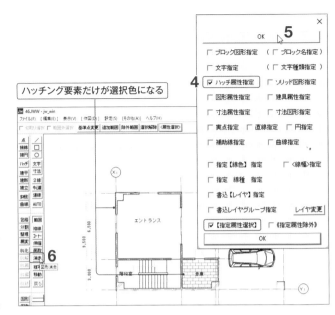

ハッチング要素だけが選択色になる

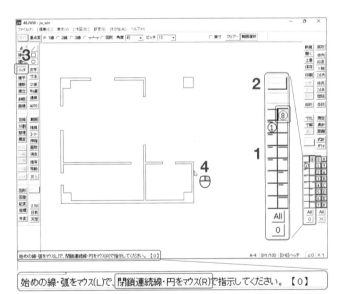

始めの線・弧をマウス(L)で、閉鎖連続線・円をマウス(R)で指示してください。【0】

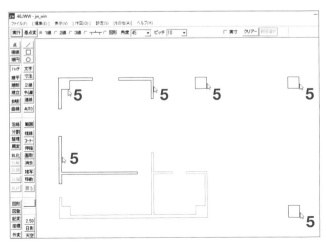

6 コントロールバーで、ハッチ種類「3線」を🖱。

7 「角度」は45°、「ピッチ」は10、「線間隔」は1を指定する。

POINT

「ピッチ」「線間隔」は、図寸（➡ p.237）で指定します。コントロールバー「実寸」にチェックを付けると、実寸での指定ができます。

8 コントロールバー「実行」ボタンを🖱。

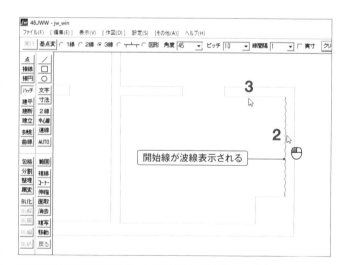

➡ 選択色のハッチ範囲に3線ハッチが書込線で作図される。作図後もハッチ範囲は選択色のままである。

POINT

続けて同じ範囲にハッチングを追加で施すことができます。例えば、ここで角度を「−45°」にして「実行」ボタンを🖱すると、3本線ハッチングが格子状になります。

9 コントロールバー「クリアー」ボタンを🖱。

➡ ハッチ範囲が解除され、元の色に戻る。

---

3 閉じていない範囲にハッチングを施す

倉庫の床に、実寸300×150mmの目地ハッチを作図しましょう。

1 「9」レイヤを書込レイヤにして、「2」レイヤ以外を非表示レイヤにする。

レイヤ状態の変更 ➡ p.95

2 ハッチ範囲の開始線を🖱。

POINT

ハッチ範囲が閉じた連続線で囲まれていない場合は、ハッチ範囲の外形線を1本ずつ指示することでハッチ範囲を指定します。

3 開始線の次の線を🖱。

➡ 🖰した線が選択色で表示される。

4 次の線を🖰。

POINT

この図のように線が連続していない場合、次に指示する線は、**3**と同一線上の線ではなく、**3**の延長上で交差する**4**の線を指示します。同一線上の線を🖰した場合は 計算できません と表示され、次の線として選択されません。

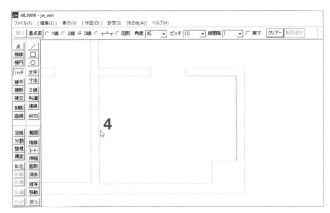

5 次の線を🖰。

6 次の線を🖰。

7 次の線を🖰。

8 開始線を再度🖰。

➡ ハッチ範囲が確定し、コントロールバー「実行」ボタンが利用できるようになる。

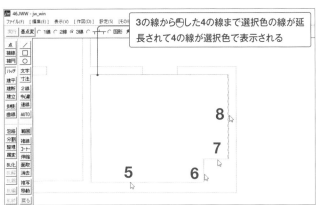

3の線から🖰した4の線まで選択色の線が延長されて4の線が選択色で表示される

9 コントロールバー「┬┬」(目地)を🖰し、「角度」が「0」であることを確認する。

10 コントロールバー「実寸」にチェックを付ける。

POINT

コントロールバー「実寸」にチェックを付けると、ピッチを実寸で指定できます。

11 「縦ピッチ」に「150」、「横ピッチ」に「300」を入力する。

12 コントロールバー「実行」ボタンを🖰。

➡ 書込線色・線種の線で目地ハッチが作図される。

13 コントロールバー「クリアー」ボタンを🖰。

➡ ハッチ範囲が解除され、元の色に戻る。

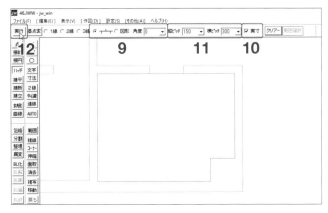

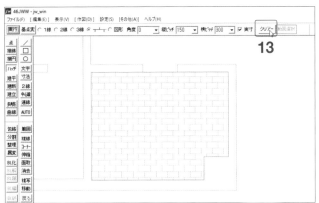

47

★☆☆

作図済みの塗りつぶしの色を変更する

ソリッド色の変更

「6」フォルダー
「47.jww」

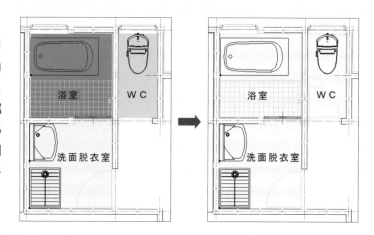

Jw_cad図面のソリッド色（塗りつぶし色）の変更は、「多角形」コマンドで個別に変更する方法と、「範囲」（範囲選択）コマンドの「属性変更」で一括変更する方法があります。ここでは、「47.jww」を開き、その2つの方法を説明します。

1 図面上のソリッド色を取得する

WC（トイレ）と洗面脱衣室のソリッド色を、隣の浴室のソリッドと同じ色に変更するため、はじめに浴室のソリッド色を取得しましょう。

1 「多角形」コマンドを🖱。

2 コントロールバー「任意」ボタンを🖱。

3 コントロールバー「ソリッド図形」にチェックを付ける。

4 浴室のソリッド（塗りつぶし部）を、Shift キーを押したまま🖱。

POINT

既存のソリッド色を取得するには、Shift キーを押したままソリッドを🖱します。

➡ 🖱したソリッド色が取得され、画面左上に 色取得 15565648 と表示され、コントロールバー「任意■」の色が4のソリッドの色になる。

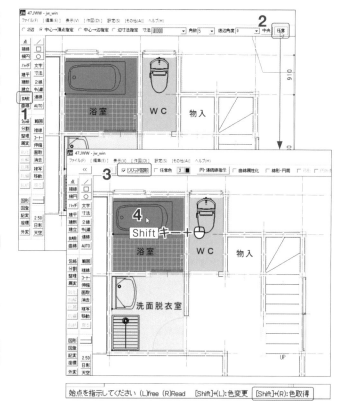

2 図面上のソリッド色を 個別に変更する

続けて、WCと洗面脱衣室のソリッド色を変更しましょう。

1 変更対象としてWCのソリッドを、Shiftキーを押したまま🖱。

POINT

Shiftキーを押したまま既存のソリッドを🖱することで、そのソリッドの色をコントロールバー「任意■」の色に変更できます。

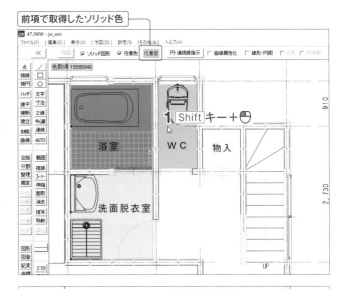

➡ 🖱したソリッドがコントロールバーの「任意■」の色（前項で取得した色）に変更され、画面左上には **属性変更** のメッセージが表示される。

POINT

色変更したソリッドにWCの文字や線が隠れた場合は、ズーム操作を行い再表示してください。

2 変更対象として、洗面脱衣室のソリッドを、Shiftキーを押したまま🖱。

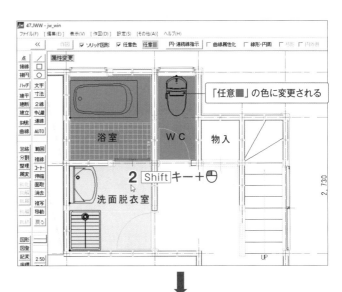

➡ 🖱した部分のソリッド色が右図のように変更され、画面左上には **属性変更** のメッセージが表示される。

POINT

「曲線属性化」（➡ p.127）にチェックを付けずに塗りつぶしたソリッドは、右図のように、🖱した部分の三角形だけが色変更されます。このようなソリッドは、次項の方法でまとめて色変更します。

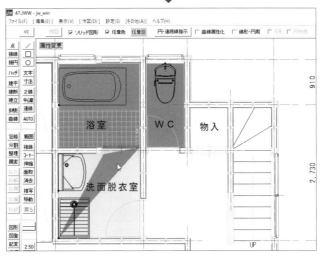

159

3 図面上のソリッドの色を一括変更する

続けて、WC、洗面脱衣室、浴室のソリッド色を、まとめて薄い水色に変更しましょう。

1 コントロールバー「任意■」ボタンを🖱。

2 「色の設定」ダイアログの「色相スクリーン」上で🖱し、作成する色の色調を選択する。

3 明度スライダ上で🖱し、色の明度を調整する。

POINT

2～3の操作を繰り返して調整することで、指定する色を作成します。作成した色のRGB値は「赤（R）」「緑（G）」「青（B）」ボックスに表示されます。これらのボックスの数値を変更することでも色を調整できます。

4 2～3の操作を繰り返して色調と明度を調整し、「色｜純色」欄の色が決まったら、「OK」ボタンを🖱。

➡ コントロールバー「任意■」の色が、「色の設定」ダイアログで作成した色になる。

POINT

独自に作成した色は、Jw_cadを終了するまで「色の設定」ダイアログに残ります。Jw_cad終了後に再びその色を使う場合は、図面上のその色のソリッドから色を取得（➡ p.158）してください。

5 「範囲」（範囲選択）コマンドを🖱。

6 図面の左上で🖱。

7 選択範囲枠に変更対象のソリッドが入るように囲み、終点を🖱（文字を除く）。

➡ 選択範囲枠内の文字以外の要素がすべて選択色になる。

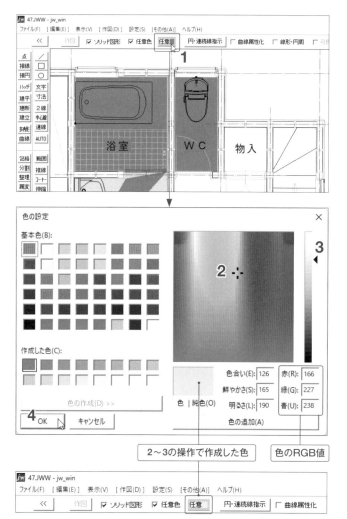

2～3の操作で作成した色　色のRGB値

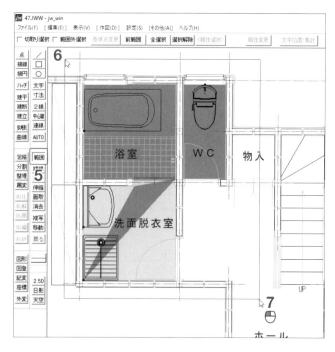

第6章 図面の一部または全体を変更する

8 コントロールバー「＜属性選択＞」ボタンを🖱。

9 属性選択のダイアログで、「ソリッド図形指定」にチェックを付ける。

10 「【指定属性選択】」にチェックが付いていることを確認し、「OK」ボタンを🖱。

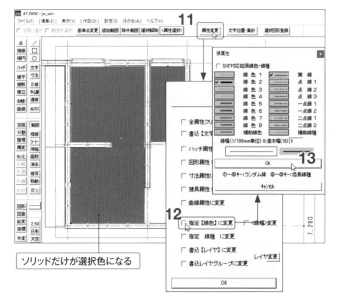

選択範囲枠内の要素が選択色になる

➡ ソリッド要素だけが選択され、その他の要素は対象から除外され、元の色に戻る。

11 コントロールバー「属性変更」ボタンを🖱。

12 属性変更のダイアログで「指定【線色】に変更」を🖱。

➡「線属性」ダイアログが開く。

13 「Ok」ボタンを🖱し、「線属性」ダイアログを閉じる。

POINT

「線属性」ダイアログでは、通常、変更後の線色を指定します。ここでは変更対象にソリッド以外の要素を含んでいないため、どの線色が選択されていても結果に影響はありません。ソリッドは4で指定した色に変更されます。

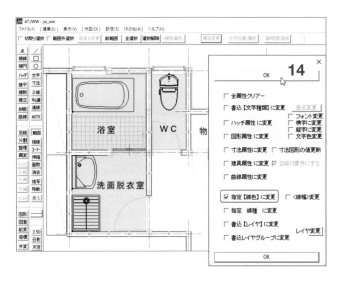

ソリッドだけが選択色になる

14 「指定【線色】に変更」にチェックが付いていることを確認し、「OK」ボタンを🖱。

➡ 選択色で表示されていたソリッドが、4で指定した水色に一括で変更される。

仮点や補助線をまとめて消去する

「6」フォルダー
「48.jww」

 　仮点・補助線要素の一括消去

作図を補助する目的の点は、印刷されない仮点、
または印刷されない補助線色の実点で作図しま
す。同じく作図を補助する目的の線は、印刷され
ない補助線種や補助線色で作図します。
これらの印刷されない点や線を残したままにして
おくと、場合によっては不都合が生じます。例え
ば、DXFファイルとしてそのまま保存すると、
渡した先のCADでは印刷される線に変換されて
しまいます。補助線や仮点は不要になった時点や
図面が完成した時点で、一括して消去することを
お勧めします。ここでは、「48.jww」を開き、
仮点と補助線種・補助線色の要素を一括消去する
手順を説明します。

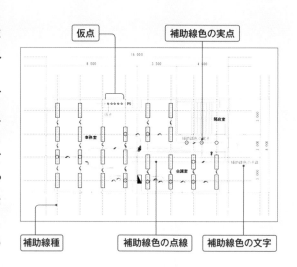

第6章　図面の一部または全体を変更する

1 仮点を一括消去する

図面上の仮点を一括消去しましょう。

1　「点」コマンドを🖱。

POINT

1の操作の代わりに、メニューバー[作図]-「点」を
🖱しても同じです。仮点は編集対象にならないため、
「消去」(図形消去)コマンドでは消去されません。

2　コントロールバー「全仮点消去」ボタンを
🖱。

　　➡ 書込・編集可能レイヤのすべての仮点が消去される。

POINT

通常の要素同様、編集可能レイヤでないレイヤに作
図されている仮点は消去されません。すべてのレイ
ヤを編集可能レイヤにして(➡ p.213の対処2)から、
1からの操作を行ってください。2の操作の代わりに
「仮点消去」ボタンを🖱すると、図面上の仮点を個別
に🖱して消去できます。

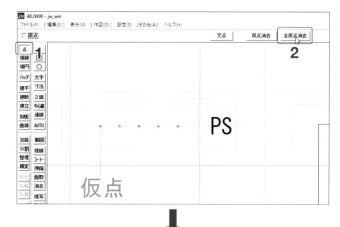

2 補助線要素を一括消去する

図面上の補助線種・補助線色の要素を一括して
消去しましょう。

1 「範囲」(範囲選択) コマンドを🖰。

2 コントロールバー「全選択」ボタンを🖰。

→ 書込・編集可能レイヤのすべての要素が選択される。

3 コントロールバー「〈属性選択〉」ボタンを
🖰。

4 属性選択のダイアログの「補助線指定」に
チェックを付ける。

5 「【指定属性選択】」にチェックが付いてい
ることを確認し、「OK」ボタンを🖰。

POINT

4と5のチェックを付けることで、選択色になった要
素の中から補助線種と補助線色の要素を選択しま
す。「補助線指定」では、補助線色の実点や補助線色
で記入されている文字要素も選択されます。

→ 2で選択された要素の中から、補助線色または補助線
種で作図されている線、点、文字要素だけが選択色に
なり、他の要素は元の色になる。

6 「消去」(図形消去) コマンドを🖰。

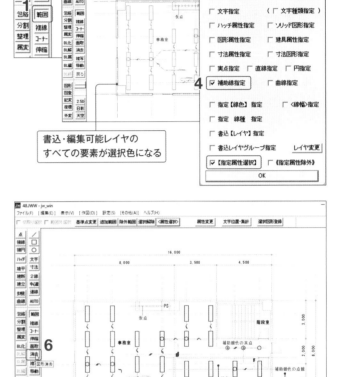

書込・編集可能レイヤの
すべての要素が選択色になる

補助線種、補助線色の要素 (線・円・文字) が選択色になる

→ 選択色の要素だけが消去される。

POINT

ブロックの一部になっている補助線要素は消去され
ません。「BL解」(ブロック解除) コマンド (→ p.165)
でブロックを分解してから消去するか、「BL編」(ブ
ロック編集) コマンド (→ p.166) で消去操作を行い
ます。

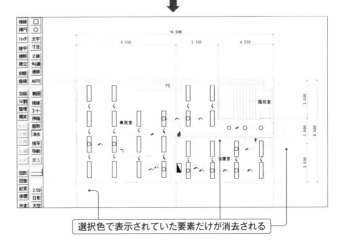

選択色で表示されていた要素だけが消去される

ひとまとまりの要素を分解して
個別の線にする

★☆☆

曲線属性・グループ・ブロックの分解

「6」フォルダー
「49.jww」

第 6 章 図面の一部または全体を変更する

複数の要素をひとまとまりとして扱う「複合要素」には、曲線属性、グループ、ブロック、寸法図形があり、それらを区別する方法はp.86で説明しています。

図面の編集・変更内容によっては、これらを分解する必要があります。複合要素の種類によって分解方法も異なります。

ここではDXFファイルをJWWファイルに変換した「49.jww」を開き、右図の柱の曲線属性とハッチングのブロックを分解しましょう。

曲線属性
柱を構成する4本の線に曲線属性が付加され、ひとまとまりになっている

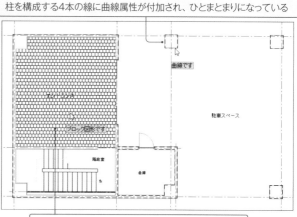

曲線です

駐車スペース

ブロック図形です

隔段室

倉庫

ブロック：目地のハッチングがブロックになっている

1 曲線属性・グループを分解する

曲線属性とグループの分解方法は同じです。ここでは、柱の4辺の曲線属性を解除して、4本の線に分解しましょう。

1 「範囲」（範囲選択）コマンドを🖱。

2 柱の躯体の線を🖱（連続線）。

POINT
線を🖱（連続線）すると、その線に連続したすべての線が選択されます。また、ひとまとまりとして扱われる曲線属性やブロック図形なども🖱で選択できます。

→🖱した線と、それに連続する3本の躯体線が選択色になる。

3 柱のフカシの線を🖱（連続線）。

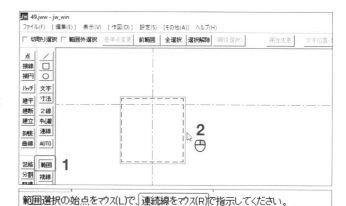

範囲選択の始点をマウス(L)で、連続線をマウス(R)で指示してください。

2で🖱した線を含む長方形が選択色になる

4 コントロールバー「属性変更」ボタンを🖱。

5 属性変更のダイアログの「全属性クリアー」にチェックを付け、「OK」ボタンを🖱。

> ➡ 4辺をひとまとまりとしていた柱の曲線属性がクリアー（解除）され、4本の線に分解される。

`POINT`

ここでは個別に曲線属性を持つ要素を選択、解除しました。図面内のすべての曲線属性を解除する場合は、**2**で図面全体を選択した後、「〈属性選択〉」ボタンを🖱し、「曲線指定」にチェックを付けて曲線属性の付いた要素だけを選択してから**4**〜**5**の操作を行います。

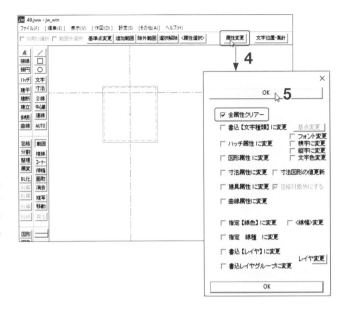

2 ブロックを分解する

ブロックになっている目地のハッチングを分解しましょう。

1 「範囲」（範囲選択）コマンドを🖱。

2 ハッチング（ブロック）を🖱。

`POINT`

ブロックは🖱で選択できます。ここでは1つのブロックを指定して分解する例で説明しますが、図面内のすべてのブロックを分解する場合には、**2**の操作の代わりにコントロールバー「全選択」ボタンを🖱し、図面全体を分解の対象にします。

3 「BL解」（ブロック解除）コマンドを🖱。

> ➡ **2**で選択したブロックが分解される。

`POINT`

ブロックは多重に設定されている場合もあります（➡ p.104）。1回の解除操作で分解されるのは最上層のブロックだけです。図面上のすべてのブロックを分解する場合には、ブロックがなくなるまで分解操作（**2**で「全選択」を🖱し、**3**の操作）を繰り返し行う必要があります。「全選択」を🖱した後、「BL解」コマンドがグレーアウトされたら、ブロックはすべて分解済みということです。

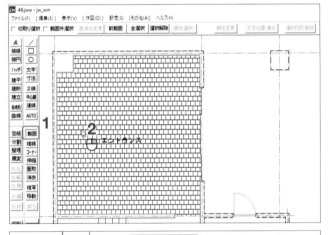

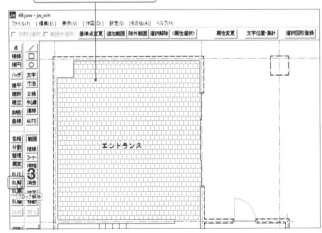

165

ブロックを分解しないで編集する

「6」フォルダー
「50.jww」

★☆☆ 「BL編」(ブロック編集)コマンドによる編集

ブロック内の要素の消去、線色・線種の変更や編集を行うには、ブロックを分解する方法と、分解しないで「BL編」(ブロック編集)コマンドを用いる方法があります。どちらの方法が有効かは、図面の内容や状況によります。

ここでは、ブロックを分解しないで、ブロック内のソリッド(塗りつぶし部)を消去する例で説明します。

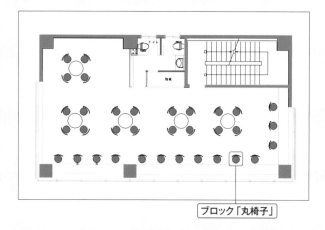

ブロック「丸椅子」

1 ブロックを編集する

教材図面「50.jww」のブロック「丸椅子」のソリッド(塗りつぶし部)を消去しましょう。

1 「属取」(属性取得)コマンドを🖱。

2 右図の丸椅子を🖱。

→ 2の要素が属性取得され、そのブロック名が表示された「選択されたブロックを編集します」ダイアログが開く。

3 「すべてのブロックに反映させる」にチェックが付いていることを確認し、「OK」ボタンを🖱。

POINT

2で🖱したブロックと同じブロックすべてに編集結果を反映させるため、「すべてのブロックに反映させる」にチェックを付けます。2で🖱したブロックだけを編集し、他の同じブロックに編集結果を反映させない場合は、「選択したブロックのみに反映させる」にチェックを付けます。その場合、編集したブロックのブロック名が自動的に変更されます。

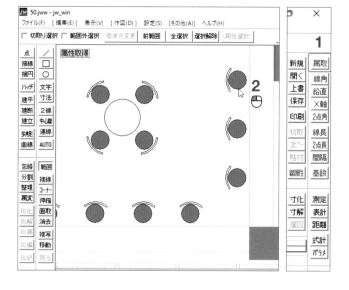

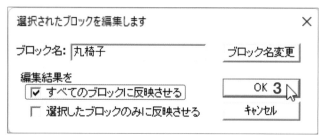

➡ 2で🖱したブロック「丸椅子」を編集する「ブロック編集」ウィンドウに切り替わる。

POINT

「ブロック編集」ウィンドウでは、大部分のコマンドが通常の作図時と同様に使用できます（使用できないコマンドはグレーアウト表示となる）。編集対象のブロックは、ブロック化前のレイヤにブロック化した元図形の向きで表示され、それ以外の要素はグレー表示されて編集できません。また、レイヤは、「ブロック編集」ウィンドウを開く前の表示状態が反映されます。

4 「消去」（図形消去）コマンドを🖱。

5 ソリッドを🖱。

タイトルバーの表記は「丸椅子」の「ブロック編集」ウィンドウを示す

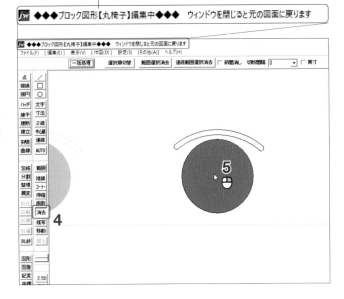

➡ 🖱したソリッドが消去される。

6 タイトルバーの×（閉じる）を🖱し、ブロック編集を終了する。

POINT

6の操作の代わりに、ツールバー「BL終」（ブロック編集終了）コマンドを🖱するか、メニューバー[編集]－「ブロック編集終了」を🖱しても同じです。

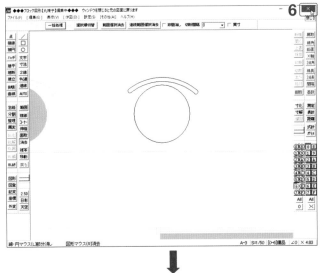

➡「ブロック編集」ウィンドウが閉じ、タイトルバーの表示が編集中の図面名表示に戻る。選択・編集したブロック図形と同じブロック図形すべてに、編集の結果が反映される。

POINT

前ページの1〜2の操作の代わりに「範囲」（範囲選択）コマンドでブロックを🖱し、「BL編」（ブロック編集）コマンドを🖱しても同じです。

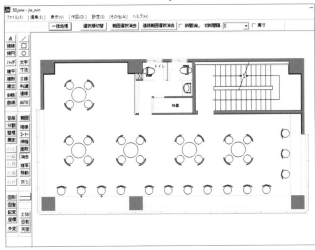

167

COLUMN

選択・変更できない要素は「属性取得」で確認を行う

普段からJw_cadで作図をしている人でも、他から受け取った図面の編集時に、一部の線の線色や線種が変更されなかったり、塗りつぶし部が選択できなかったりして「あれ?」と思うことがあるでしょう。そのような場合には、属性取得（p.100の26）を行ってみてください。変更できない要素がブロックであったり、塗り

つぶしだと思っていた要素が実際には細かい間隔で作図された線であったりすることが確認できます。これらは、画面を目視しただけではわかりません。

ちなみに、ブロックについては、図面内にブロックが何個あるのか、どれがブロックなのかを「ブロックツリー」で確認できるので、以下に紹介します。

▶ **図面内のブロックを確認できる「ブロックツリー」**

メニューバー［表示］－「ブロックツリー」を🖱️すると「ブロックツリー」ダイアログが開き、図面内のブロックがフォルダーアイコンで表示されます。

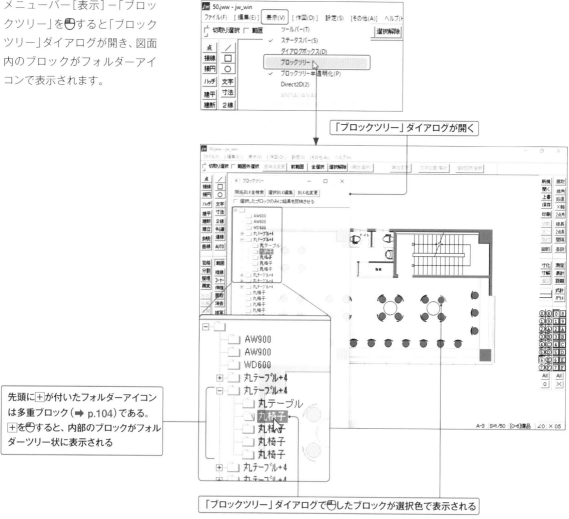

「ブロックツリー」ダイアログが開く

先頭に＋が付いたフォルダーアイコンは多重ブロック（➡ p.104）である。
＋を🖱️すると、内部のブロックがフォルダーツリー状に表示される

「ブロックツリー」ダイアログで🖱️したブロックが選択色で表示される

第6章 図面の一部または全体を変更する

第7章

図面に文字・寸法を加筆する

第7章では、Jw_cadにおける文字・寸法の基礎知識や記入操作に加え、記入済みの文字や寸法と同じ大きさで位置をそろえて加筆する方法などを紹介します。

51 文字の大きさや種類を確認・設定する

★★☆

書込文字種による文字の大きさや種類の設定

「7」フォルダー
「51.jww」

図面上の線・円・円弧の大きさは実寸で指定して作図します。一方、文字の大きさは図面の縮尺に依存しない、実際に印刷される大きさで指定します。図面の縮尺によって実際に印刷される大きさが変化する「実寸」に対し、文字の大きさのような縮尺に依存しない寸法を、Jw_cadでは「図寸（または図面寸法）」と呼びます。

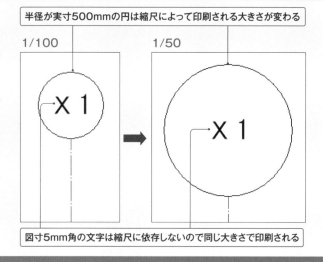

半径が実寸500mmの円は縮尺によって印刷される大きさが変わる

1/100　1/50

X 1

図寸5mm角の文字は縮尺に依存しないので同じ大きさで印刷される

1 図面上の文字の大きさを確認する

練習図面「51.jww」を開き、文字「側面図 S=1:20」の大きさを確認しましょう。

1 「属取」（属性取得）コマンドを3回🖱。

POINT

1の操作の代わりに、Tab キーを3回押しても同じです。

2 文字「側面図　S=1:20」を🖱。

POINT

1の操作後に図面上の文字を🖱すると、文字が記入されているレイヤが書込レイヤになると同時に、作図ウィンドウ左上に文字の情報が表示されます。

属性取得 と表示

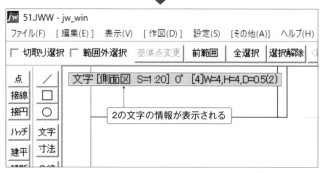

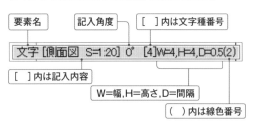

要素名　記入角度　[　]内は文字種番号

文字 [側面図 S=1:20] 0° [4]W=4,H=4,D=0.5(2)

[　]内は記入内容

W=幅,H=高さ,D=間隔

（　）内は線色番号

2の文字の情報が表示される

▶ 記入文字の大きさを決める「書込文字種」

文字は、「文字」コマンドの「書込文字種」ボタンに表示されている文字種、大きさ、文字色で記入されます。

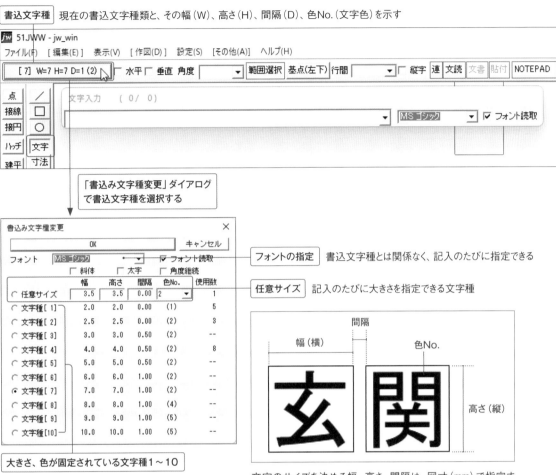

書込文字種 | 現在の書込文字種類と、その幅（W）、高さ（H）、間隔（D）、色No.（文字色）を示す

「書込み文字種変更」ダイアログ
で書込文字種を選択する

フォントの指定 | 書込文字種とは関係なく、記入のたびに指定できる

任意サイズ | 記入のたびに大きさを指定できる文字種

大きさ、色が固定されている文字種1〜10

文字種1〜10のサイズ（幅・高さ・間隔）
と色No.は「jw_win」ダイアログの「文字」
タブで図面ファイルごとに管理される

文字のサイズを決める幅、高さ、間隔は、図寸（mm）で指定する。色No.は、カラー印刷時の色の区別であり、文字の太さとは関係ない。線色1〜9の番号で指定し、任意サイズに限りSXF対応拡張線色（➡ p.35）を指定できる

記入済みの文字と同じ文字種で文字を書き加える
★★☆ 「属性取得」による書込文字種の指定と文字記入

「7」フォルダー
「52_53.jww」

図面上に記入されている文字と同じ見た目の文字を書き加える場合には、その文字と同じレイヤに同じ文字種で記入します。属性取得を利用すれば、記入済みの文字と同じレイヤを書込レイヤにし、同じ文字種を書込文字種にできます。ここでは、記入済みの部屋名「リビング」と同じレイヤに同じ文字種で、文字「デッキテラス」を右図の仮点に中央を合わせて記入しましょう。

ここに文字「デッキテラス」を記入する

第7章 図面に文字・寸法を加筆する

1 図面上の文字を属性取得する

部屋名「リビング」と同じレイヤに同じ大きさで文字を追加記入するため、属性取得をしましょう。

1 「文字」コマンドを🖱。

2 「属取」(属性取得) コマンドを🖱。

3 図面上の文字「リビング」を🖱。

> ➡ 3の文字が記入されている「7」レイヤが書込レイヤになり、コントロールバーの書込文字種が3の文字と同じ「文字種3」になる。

POINT

この後記入される文字は、コントロールバー「書込文字種」の文字種で記入されます。

属性取得 と表示される

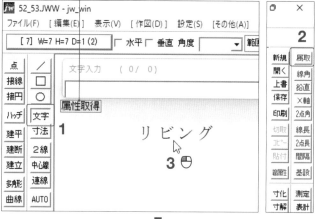

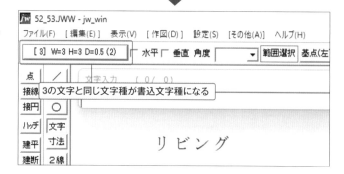

3の文字と同じ文字種が書込文字種になる

2 指示位置に文字の中央を 合わせて記入する

続けて、デッキテラス中央に作図してある仮点に、文字「デッキテラス」の中央を合わせて記入しましょう。

1 「文字入力」ボックスに「デッキテラス」を入力する。

POINT

入力した文字の外形枠に対するマウスポインタの位置を「基点」と呼びます。基点の位置は、コントロールバー「基点(左下)」ボタンを🖱️して変更できます。

2 コントロールバー「基点(左下)」ボタンを🖱️。

3 「文字基点設定」ダイアログで「中中」を🖱️。

POINT

文字の基点として下図の9カ所を指定できます。

4 文字の記入位置として、デッキテラス中央の仮点を🖱️。

➡ **4**の仮点に文字の中央(中中)を合わせて文字「デッキテラス」が記入される。

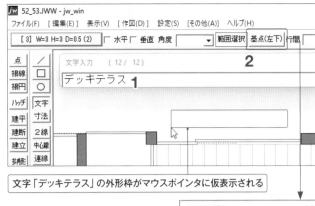

文字「デッキテラス」の外形枠がマウスポインタに仮表示される

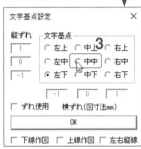

「基点(中中)」になる

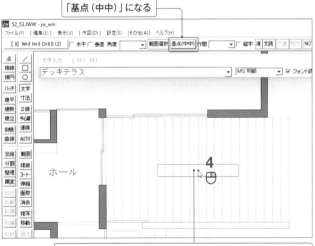

文字外形枠に対するマウスポインタの位置が中央(中中)になる

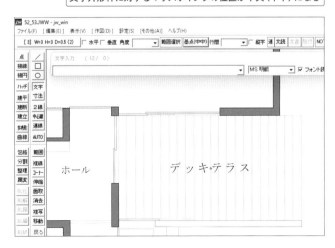

173

記入済みの文字に位置をそろえて文字を書き加える

★☆☆

「文字」コマンドの「文字複写」による文字記入

「7」フォルダー
「52_53.jww」

文字を記入する「文字」コマンドには、記入済みの文字を移動したり、複写したりする機能もあります。記入済みの文字と同じ見た目の文字を、上下または左右の位置をそろえて記入したいのであれば、文字を複写するのが簡便です。

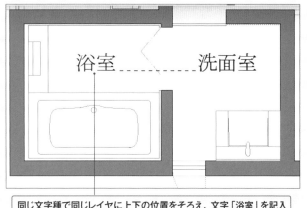

同じ文字種で同じレイヤに上下の位置をそろえ、文字「浴室」を記入

1 記入済みの文字と上下の位置をそろえて文字を複写・記入する

文字「洗面室」と上下の位置をそろえて、同じ文字種で「浴室」と記入しましょう。

1 「文字」コマンドを🖱。

2 文字「洗面室」を🖱（文字複写）。

POINT

「文字」コマンドで、「文字入力」ボックスに入力せずに図面上の文字を🖱することで、文字の複写になり、🖱した文字と同じレイヤに同じ文字種で複写します。

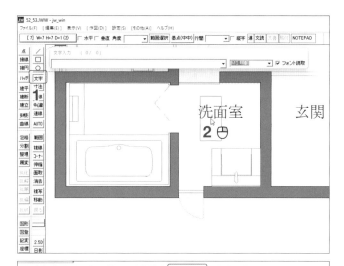

文字を入力するか、移動・変更(L)、複写(R)で文字を指示して下さい。

↓

文字変更・複写　　（0/ 6）

洗面室

➡ 「文字入力」ボックスが「文字変更・複写」ボックスになり、文字「洗面室」が色反転表示される。

3 「文字変更・複写」ボックスの「洗面室」を「浴室」に変更する。

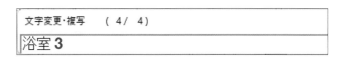

POINT
文字を書き換えたうえで、複写できます。

4 コントロールバー「任意方向」ボタンを🖱。

POINT
「任意方向」ボタンを🖱するたびに、「X方向」(横方向固定)⇒「Y方向」(縦方向固定)⇒「XY方向」(横または縦方向固定)に切り替わります。🖱では、その逆順に切り替わります。

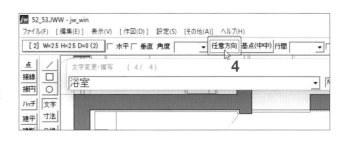

➡ 「X方向」になり、文字の複写方向が横方向に固定される。

5 文字の複写位置を🖱。

移動方向が横 (X) 方向に固定される

文字の位置を指示して下さい (L)free (R)Read

➡ 🖱位置に文字「浴室」が記入される。

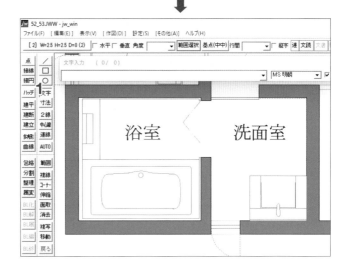

複数行のメモを記入する

★☆☆　「文字」コマンドによる複数行の文字記入

「7」フォルダー
「54.jww」

Jw_cadの図面上に、修正・変更指示などのメモを大きな目立つ文字で記入しておくことができます。別途、メモ用のレイヤに記入しておけば、レイヤの状態を編集可能レイヤ⇔非表示レイヤに切り替えることで、メモを表示・印刷する／しないがすぐに切り替えられます。
ここでは、「54.jww」を開き、何も作図されていないレイヤ「8」に、15mm角の赤い文字で複数行のメモを記入してみましょう。

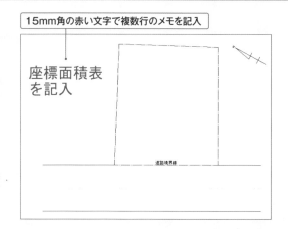

15mm角の赤い文字で複数行のメモを記入

座標面積表を記入

道路境界線

1 書込レイヤと文字種を指定する

何も作図されていない「8」レイヤを書込レイヤにして、書込文字種を15mm角の赤色に設定しましょう。

1 レイヤバーの「8」レイヤを🖰。

2 「文字」コマンドを🖰。

3 コントロールバー「書込文字種」ボタンを🖰。

4 「書込み文字種変更」ダイアログで「任意サイズ」を🖰。

5 「任意サイズ」の「幅」「高さ」ボックスを「15」に書き換える。

6 「色No.」ボックスの▼ボタンを🖰し、表示されるリストから画面表示色・カラー印刷色が赤色の「sxf2」を🖰。

7 「OK」ボタンを🖰。

> ➡ ダイアログが閉じ、コントロールバーの「書込文字種」ボタンの表記が「書込み文字種変更」ダイアログで選択した文字種になる。

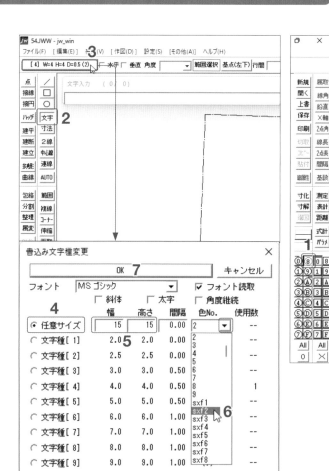

2 複数行の文字を記入する

続けて、左側の余白に15mm角の赤い文字で、メモの文字「座標面積表を記入」を複数行に分けて記入しましょう。

1 コントロールバー「基点（左下）」を確認し、「行間」ボックスに「16」を入力する。

POINT

基点が「（左下）」以外になっている場合は、「基点」ボタンを🖑して「基点（左下）」にします。
「行間」ボックスに行の間隔（mm）を入力することで複数行の文字を入力できます。行間は書込文字種の高さ以上の数値を図寸（mm）で入力します。

2 「文字入力」ボックスに1行目の文字「座標面積表」を入力する。

3 1行目の文字の記入位置を🖑。

⟹ 1行目の文字が記入され、その下には次の行の文字外形枠が仮表示される。

4 「文字入力」ボックスに2行目の文字「を記入」を入力し、Enterキーを押す。

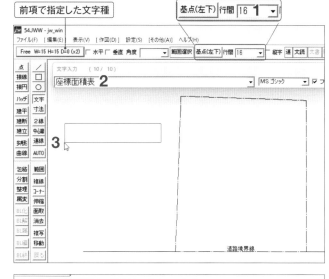

前項で指定した文字種 | 基点（左下）行間 16 **1**

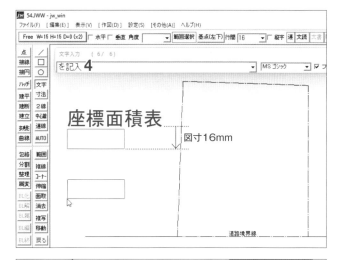

⟹ 2行目の文字が記入され、その下には次の行の文字外形枠が仮表示される。

POINT

続けて、「文字入力」ボックスに次の行の文字を入力してEnterキーを押すことで、3行目の文字を記入できます。2行目で文字入力を完了するには、再度「文字」コマンドを🖑します。

5 「文字」コマンドを🖑。

⟹ 複数行の文字入力が完了する。

POINT

ここで記入した複数行の文字は、「座標面積表」と「を記入」の2つの文字列になり、それぞれ別個の文字要素として扱われます。

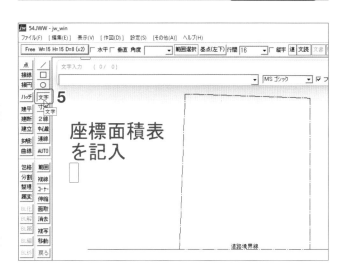

55 他のアプリケーションから文字をコピーする

★☆☆ 「文字」コマンドの「貼付」によるコピー

「7」フォルダー
「55.jww」
「55.xlsx」

Jw_cadはWindowsのOLE機能に対応していないため、Wordの文書やExcelの表の一部を「コピー」&「貼付」でJw_cadに貼り付けることはできません。

ただし、文字だけであれば、他のアプリケーションのファイルに記入されている文字をJw_cad図面に貼り付けることができます。

ここでは、Excelの表に記入されている文字をJw_cadで作図した表枠内にコピーする例で、その手順を説明します。Excel以外のアプリケーションの文書の文字をコピーする場合も手順は同じです。

なお、ここでの操作には、「Micosoft Excel」（以下、「Excel」）が必要です。

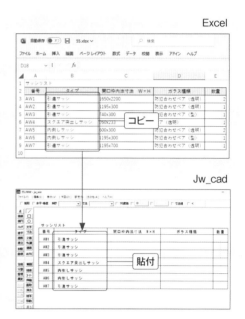

1 Excelの表の文字をコピーする

Excelで「55.xlsx」を開き、コピー対象を選択してコピーしましょう。

1 ドラッグ操作で、B列の3行目〜9行目までのセルを選択する。

POINT

Jw_cadに貼り付けたとき、1行の文字が文字の最小単位の1文字列になります。ここで、B列〜E列までの4列のセルを選択すると、Jw_cadではそれらが1行（1文字列）になってしまうため、B列だけを選択します。

2 「コピー」コマンドを🖱。

➡ 選択した文字がWindowsのクリップボードにコピーされる。

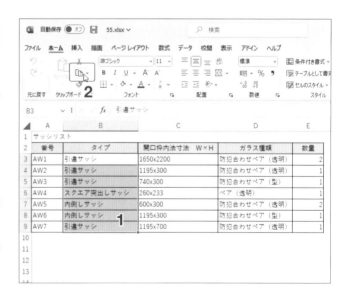

2 コピーした文字をJw_cadの表に貼り付ける

Jw_cadで「55.jww」を開き、前項でコピーした文字を貼り付けましょう。

1 「文字」コマンドを🖱。

2 図面上の文字「AW2」を属性取得し、書込文字種とレイヤを文字「AW2」と同じ設定にしておく。

文字の属性取得 ➡ p.172

3 コントロールバー「基点（左下）」を確認。

POINT

基点が「（左下）」以外になっている場合は、「基点」ボタンを🖱して「基点（左下）」にします。

4 コントロールバー「貼付」ボタンを🖱。

5 コントロールバー「行間」ボックスに「10」を入力する。

POINT

「行間」ボックスには、複数行の文字列の行間を図寸（mm）で入力します。Enterキーで確定すると「10,0」になります。

6 文字の貼付位置として、1行目の補助線交点を🖱。

《文字読込》の基準点を指示してください （L)free （R)Read

コピーした文字が行間図寸10mmで貼り付けられる

HINT 表の高さ（間隔）を測定する

上記**5**で入力する行間が不明な場合には、**5**の入力操作の代わりに以下の操作を行い、表の1マスの高さ（図寸mm）を「行間」ボックスに取得します。

1 「間隔」（間隔取得）コマンドを🖱。

POINT

「間隔」（間隔取得）コマンドは、2つの線または線と点の間隔を測定し、その数値をコントロールバーの寸法入力ボックスに自動入力します。「文字」コマンドに限らず、他のコマンドの選択時でも利用できます。

2 測り始めの線を🖱。

➡ 🖱した線からマウスポインタまで、赤い両矢印が仮表示される。

3 測り終わりの線を🖱。

➡ 2〜3間の間隔（実寸）が測定され、作図ウィンドウ左上に表示される。その図寸値が「行間」ボックスに取得される。

間隔取得と表示される

2〜3間の間隔（図寸mm）が取得される

寸法線や寸法値の見た目を設定する

寸法にかかわる主な設定内容

★★☆

「7」フォルダー
「56_57.jww」

通常の線や円の作図とは異なり、寸法は「書込線」の線色・線種では作図されません。寸法各部の線色や寸法値の文字サイズなどは、すべて寸法記入時の「寸法設定」ダイアログの設定に準じます。

ここでは、「寸法設定」ダイアログの主な設定内容について説明します。

Jw_cadの寸法各部名称

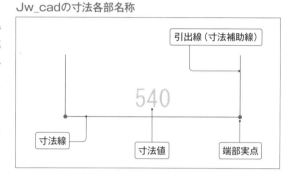

1 「寸法設定」ダイアログを開く

「56_57.jww」の「寸法設定」ダイアログを開きましょう。

1 「寸法」コマンドを🖑。

2 コントロールバー「設定」ボタンを🖑。

POINT

1〜2の操作の代わりに、メニューバー [設定] −「寸法設定」を🖑しても同じです。「寸法設定」ダイアログの内容は、一部を除いて図面ファイルとともに保存されるため、開いた「寸法設定」ダイアログの内容は「56_57.jww」の最終保存時の設定になっています。

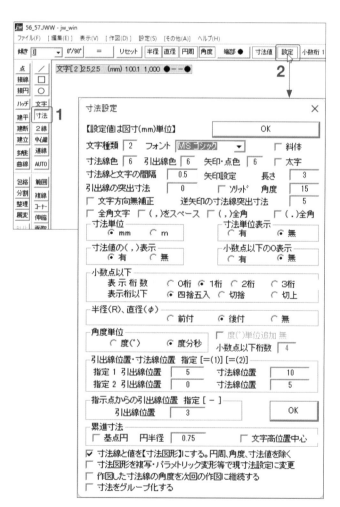

▶「寸法設定」ダイアログでの主な設定内容

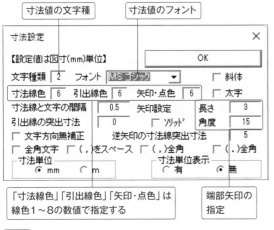

寸法値の文字種　寸法値のフォント

「寸法線色」「引出線色」「矢印・点色」は
線色1～8の数値で指定する

端部矢印の
指定

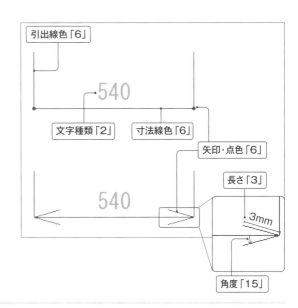

引出線色「6」

文字種類「2」　寸法線色「6」

矢印・点色「6」

長さ「3」

角度「15」

POINT

「寸法設定」ダイアログの「長さ」などの数値は、すべて図寸
(mm)で指定します。

▶「寸法」コマンドのコントロールバーの主な指定内容

寸法の記入角度

🖱するたびに0°⇔90°に
切り替わる

引出線タイプ
🖱するたびに
「=(1)」⇒「=(2)」⇒「ー」
に切り替わる

寸法端部の形状
🖱するたびに「端部ー>」(矢印)⇒
「端部ー<」(外矢印)に切り替わる

小数点以下の記入桁数
🖱するたびに「0」⇒「1」⇒
「2」⇒「3」に切り替わる

▶ 引出線タイプの違い　「=」「=(1)」「=(2)」「ー」

「=」「=(1)」「=(2)」

引出線(寸法補助線)の開始位置は、始点・終点の指
示位置に関係なく、常に同じである。
はじめに、引出線の開始位置と寸法線位置を指定す
る。

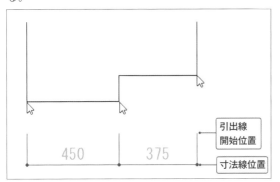

引出線
開始位置

寸法線位置

「=(1)」「=(2)」では、はじめに基準点を指示することで、
「寸法設定」ダイアログの「引出線位置・寸法線位置指定…」
欄で指定した間隔でガイドラインが表示される。

「ー」

引出線(寸法補助線)の開始位置は、始点・終点指示
位置から「寸法設定」ダイアログの「指示点からの引
出線位置」で指定した間隔を空けた位置となる。
はじめに、寸法線位置を指定する。

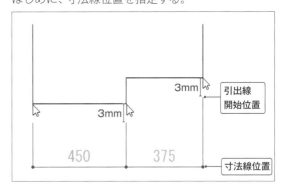

引出線
開始位置

寸法線位置

181

作図済みの図面に寸法を書き加える

★★☆　属性取得による寸法の追加記入

「7」フォルダー
「56_57.jww」

作図済みの図面に寸法を追加記入するには、記入済みの寸法と同じレイヤに、同じ寸法設定で記入する必要があります。寸法設定は図面ファイルに保存されているため、たいていの場合、同じ寸法設定で寸法を記入できます。しかし、異なる設定の寸法が混在している図面などでは、目的の寸法と同じ設定にする必要があります。
ここでは、「56_57.jww」の下側の寸法を追加記入します。p.180の56で確認したように、この図面の寸法値の「文字種類」は「2」に設定されています。

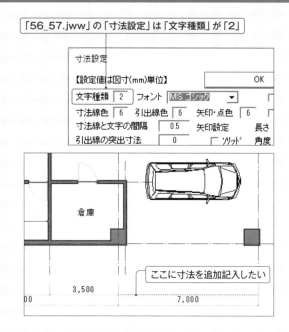

「56_57.jww」の「寸法設定」は「文字種類」が「2」

ここに寸法を追加記入したい

1 記入済み寸法の作図レイヤと寸法値の文字種を取得する

「寸法設定」の「文字種類」を記入済みの寸法と同じ設定にするため、寸法値を属性取得します。

1 「寸法」コマンドを🖱。

POINT

寸法値の文字種を「寸法設定」に取得するため、「寸法」コマンドにしてから属性取得を行います。

2 「属取」(属性取得)コマンドを🖱。

3 寸法値「3,500」を🖱。

➡ 3が記入されているレイヤが書込レイヤになるとともに、作図ウィンドウ左上に右図のように表示され、寸法値の文字種が「寸法設定」ダイアログの「文字種類」ボックスに取得される。

属性取得と表示される

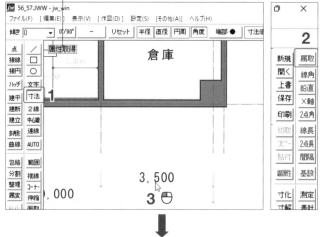

3の寸法値の文字種4が寸法の文字種として取得される

第7章　図面に文字・寸法を加筆する

182

2 寸法設定を変更する

寸法線色などの設定を、追加記入する寸法と同じ設定にしましょう。

1 コントロールバー「設定」ボタンを🖱。

2 「寸法設定」ダイアログの「寸法線色」「引出線色」「矢印・点色」ボックスを、それぞれ「1」に変更する。

3 「OK」ボタンを🖱。

POINT

「寸法設定」ダイアログでは、これから記入する寸法の各種設定を行います。ここでの設定変更は、記入済みの寸法には影響しません。

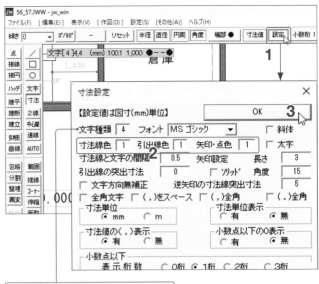

「文字種類」は前項で属性取得した「4」

3 記入済みの寸法と同じ列に寸法を追加記入する

属性取得した寸法値と同じ列の右隣に、寸法を追加記入します。

1 コントロールバーの引出線タイプボタンを「=」にする。

POINT

引出線タイプボタンを🖱することで、「=」⇒「=(1)」⇒「=(2)」⇒「−」に切り替わります。

2 引出線の始点として、右図の引出線（寸法補助線）の端点を🖱。

3 寸法線の記入位置として、右図の寸法線端部を🖱。

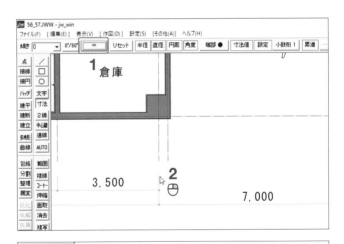

[寸法]引出し線の始点を指示して下さい。(L)free (R)Read

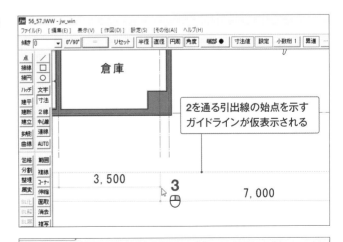

2を通る引出線の始点を示すガイドラインが仮表示される

■ 寸法線の位置を指示して下さい。(L)free (R)Read

POINT

「寸法」コマンドでは、図面上の2点（測り始めの点と測り終わりの点）を指示することで、その間隔を寸法として記入します。点のない位置を、寸法の始点、終点として指示することはできません。寸法の始点、終点指示は、🖱、🖱のいずれでも既存の点を読み取ります。

4 寸法の始点として、右図の通り芯端点を🖱。

3を通る寸法線の記入位置を示すガイドラインが仮表示される

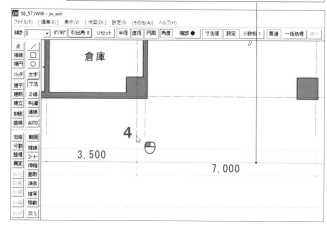

○ 寸法の始点を指示して下さい

5 寸法の終点として、4の右隣の壁芯端点を🖱。

POINT

寸法の始点と終点を指示した後の指示は、🖱と🖱では異なる働きをします。直前に記入した寸法の終点から次に指示する点までの寸法を記入するには、次の点を🖱で指示します。

6 次の終点として、右端の通り芯端点を🖱（連続入力の終点）。

POINT

寸法値は一律に寸法線の中央上側に記入されます。ここで記入した寸法のように、引出線（寸法補助線）に重なり読みづらい場合は記入後に個別に移動します（➡ p.200）。

4～5間の寸法がガイドライン上に記入される

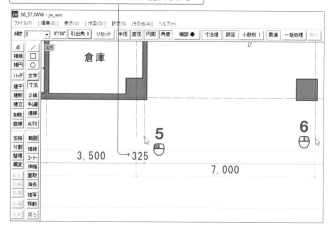

○●寸法の始点はマウス(L)、連続入力の終点はマウス(R)で指示して下さい。

7 コントロールバー「リセット」ボタンを🖱。

POINT

仮表示されているガイドライン（寸法記入位置）と別の位置に寸法を記入するには、コントロールバー「リセット」ボタンを🖱し、現在の寸法記入位置を解除します。

5～6間の寸法がガイドライン上に記入される

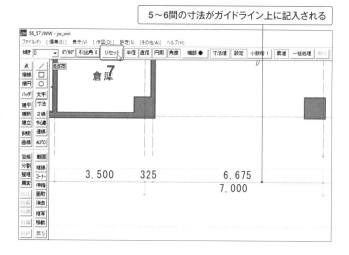

4 寸法値だけをm単位で記入する

線色3の二点鎖線で作図された敷地境界線上に、寸法値だけをm単位で記入しましょう。

1 コントロールバー「設定」ボタンを🖑。

2 「寸法単位」欄の「m」を🖑。

3 「寸法単位表示」欄の「有」を🖑。

4 「小数点以下」欄の「2桁」と「切捨」を🖑。

5 「OK」ボタンを🖑。

POINT

「寸法設定」ダイアログでは、これから記入する寸法の各種設定を行います。ここでの設定変更は、記入済みの寸法には影響しません。

6 コントロールバー「寸法値」ボタンを🖑。

POINT

「寸法値」では、2点間の寸法値の記入や、寸法値の移動・変更を行います。2点間の寸法値を記入する場合は、始点（測り始めの点）を🖑します。

7 敷地境界線の左上の角を🖑。

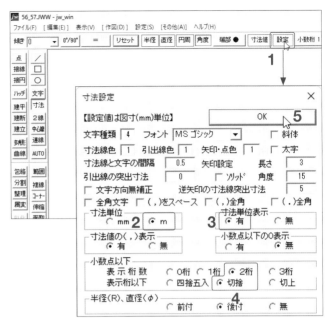

8 敷地境界線の右上の角を🖑。

POINT

始点⇒終点に対して左側に寸法値が記入されます。この後、次の点を🖑すると、8（直前に記入した寸法の終点）から次に指示する点までの寸法値が記入されます。

9 敷地境界線の右下の角を🖑（連続入力の終点）。

➡ 8〜9間の寸法値が記入される。

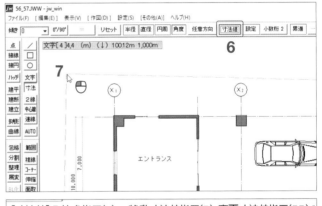

COLUMN 寸法図形について

ここでは、複合要素（➡ p.83）の1つである寸法図形について詳しく説明します。

「寸法設定」ダイアログの「寸法線と値を【寸法図形】にする～」にチェックを付けて記入した寸法値は、寸法線と1セットの寸法図形になります。

また、「寸法をグループ化する」にチェックを付けると、寸法部（寸法線、寸法値、引出線、端部矢印・実点）をひとまとまりとした複合要素のグループ（➡ p.104）になります。

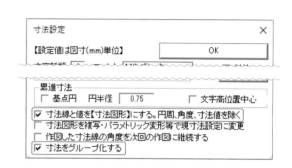

▶ 寸法図形の特性

寸法線と寸法値を1セットとして扱う

寸法図形の寸法線と寸法値は1セット（ひとまとまりの複合要素）であるため、「消去」（図形消去）コマンドで寸法線を🖱すると、寸法値も一緒に消去される。また、寸法値は「文字」コマンドでは扱えない。

寸法値は、常に寸法線の実寸を表示する

寸法図形の寸法値は常に寸法線の実寸法を表示する。そのため、寸法線を伸縮すると、その寸法値も寸法線の実寸法に変更される。

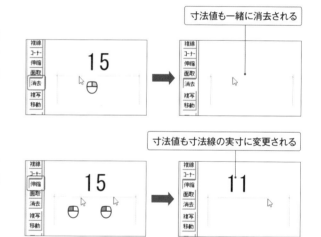

線色・線種、文字色変更の制限

「範囲」（範囲選択）コマンドの「属性変更」（➡ p.148）で、寸法線の線色・線種や寸法値の文字種を変更できる（寸法値の色は変更できない）。しかし、「属変」（属性変更）コマンド（➡ p.194）では、寸法線の線色・線種、寸法値の文字種は変更できない。

SXFファイルの寸法図形

SXFファイルにおける直線部の寸法は、寸法線、寸法値、引出線、点マーカ（端部実点または矢印）を1セットとした寸法図形になる。

この引出線は、線色変更や伸縮などの編集は行えない。それらの編集を行うには、まず寸法図形を解除（➡ p.204）する必要がある。

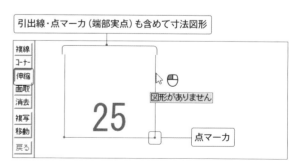

「伸縮」（線伸縮）コマンドで引出線を🖱すると、図形がありませんと表示されて編集できない

第7章 図面に文字・寸法を加筆する

186

第8章

図面の文字・寸法を編集する

第8章では、記入済みの文字や寸法値に対して、書き換えや移動、その大きさ・フォント・色・レイヤの変更といった編集を加えるための操作方法を解説します。

文字を書き換える

★★☆　　「文字」コマンドによる文字の変更

「8」フォルダー
「58.jww」

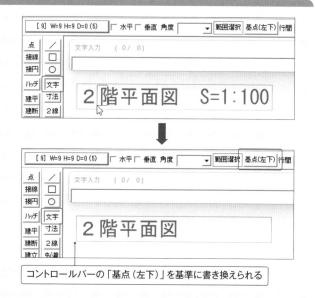

図面に記入済みの文字を書き換えるには、「文字」コマンドで「文字入力」ボックスに何も入力せずに図面上の文字を🖱️して行います。文字は、コントロールバーで指定した「基点」を基準に書き換えられます。そのため、書き換え前と後で文字数が変わる場合には、書き換え時の基点に注意が必要です。ここでは、「58.jww」の枠内の図面タイトル「2階平面図　S=1:100」を「2階平面図」に書き換える例で、その手順を説明します。

コントロールバーの「基点（左下）」を基準に書き換えられる

1　記入済みの文字を書き換える

「58.jww」の枠内の文字「2階平面図　S=1:100」を「2階平面図」に書き換えましょう。

1　「文字」コマンドを🖱️。

2　変更対象の文字「2階平面図　S=1:100」を🖱️（移動・変更）。

→「文字入力」ダイアログのタイトルが「文字変更・移動」となる。文字入力ボックスには、文字「2階平面図　S=1:100」が色反転して表示され、マウスポインタには文字の外形枠が仮表示される。

3　「文字変更・移動」ボックスの文字「2階平面図　S=1:100」の最後尾を🖱️し、入力ポインタを移動する。

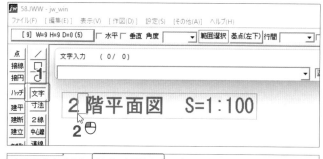

文字を入力するか、移動・変更(L)・複写(R)で文字を指示して下さい。

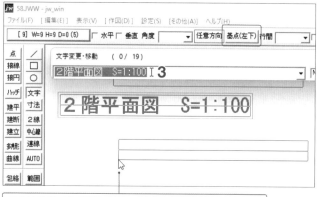

マウスポインタには現在の基点で文字の外形枠が仮表示される

4 Backspace キーを押して、不要な文字を消去し、「2階平面図」に変更する。

文字の記述内容は、現在の基点位置を基準にして変更されます。変更後の文字が枠の中心からずれないように、変更文字を確定する前に基点を「中中」に変更します。

5 コントロールバー「基点（左下）」ボタンを🖱。

6 「文字基点設定」ダイアログの「中中」を🖱。

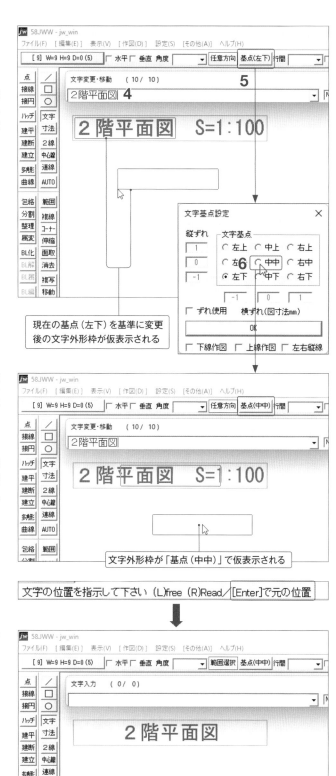

現在の基点（左下）を基準に変更後の文字外形枠が仮表示される

➡ ダイアログが閉じ、文字の基点が「（中中）」に変更される。ステータスバーには「文字の位置を指示して下さい（L）free　（R）Read/［Enter］で元の位置」と操作メッセージが表示される。

この段階で Enter キーを押すことで、文字の変更が確定します。また、図面上の別の位置をクリック指示することで、記述内容の変更と移動が同時に行えます。

7 Enter キーを押し、文字変更を確定する。

文字外形枠が「基点（中中）」で仮表示される

文字の位置を指示して下さい（L）free（R）Read/［Enter］で元の位置

➡ 文字「2階平面図　S=1:100」が、現在の基点（中中）を基準に「2階平面図」に変更される。

189

文字を移動する

 「文字」コマンドによる文字の移動

図面に記入済みの文字の移動は、「文字」コマンドで「文字入力」ボックスに何も入力せずに図面上の文字を🖰して行います。図面上の文字を🖰すると、コントロールバーで指定した「基点」にマウスポインタを合わせて文字外形枠が表示されるので、移動位置を指示して移動します。

ここでは、「59.jww」の文字「廊下」を、隣の文字「居間」と上下の位置がそろうように移動する例で、その手順を説明します。

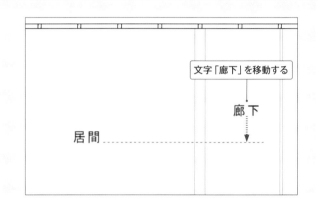

文字「廊下」を移動する

1 図面上の文字を移動する

部屋名の文字「廊下」を、隣の文字「居間」と上下の位置がそろうように移動しましょう。

1 「文字」コマンドを🖰。

2 文字「廊下」を🖰。

➡ 「文字入力」ダイアログのタイトルが「文字変更・移動」となる。文字入力ボックスには、文字「廊下」が色反転して表示され、マウスポインタには文字の外形枠が仮表示される。

3 コントロールバー「任意方向」ボタンを2回🖰。

POINT

「任意方向」(方向固定なし)ボタンを🖰するたびに、「X方向」(横方向固定)⇒「Y方向」(縦方向固定)⇒「XY方向」(横または縦の移動距離の多い方向に固定)に切り替わります。🖰では、その逆順に切り替わります。

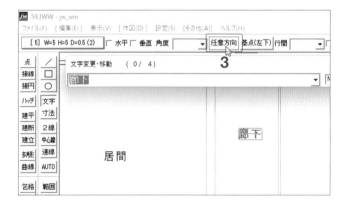

➡ 「Y方向」になり、移動方向が縦に固定される。

4 コントロールバー「基点」ボタンが「基点
（左下）」であることを確認する。

基点が「（左下）」以外になっている場合は、「基点」ボ
タンを🖱して「基点（左下）」にします。

5 移動位置として、隣の文字「居間」の右下
を🖱。

文字列の左下と右下は、🖱で読み取れます。

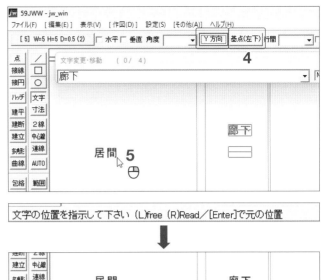

➡ 文字「廊下」の基点（左下）が、文字「居間」の右下の
位置にそろうように移動される。

HINT　長い文字列を切断して2つに分ける

文字は記入時の1行を「文字列」と呼び、文字の消去や移動など、編集するときの最小単位となります。長い文字列
を分けるには、以下の手順で文字列を切断します。

1 「文字」コマンドのコントロールバー
「連」ボタンを🖱。

コントロールバー「連」を選択することで、文字
列の連結（🖱）・移動（🖱🖱）・切断（🖱）ができま
す。

➡ ステータスバーには「文字を指示してくださ
い。連結（L）　移動（LL）　文字切断位置指示
（R）」と表示される。

2 切断する文字列の切断位置で🖱（切
断）。

➡ 🖱位置を境に2つの文字列に分かれる。実線と
点線の下線が仮表示され、切断されたことが確
認できる。

🖱で「文字」コマンド選択時の
コントロールバーに戻る

🖱位置を境に2つの文字列に切断される

表全体の大きさを変更する

★☆☆ 「移動」（図形移動）コマンドによる表の大きさ変更

「8」フォルダー
「60.jww」

作図済みの図や表の大きさの変更は、「移動」（図形移動）コマンドで倍率を指定し、移動することで行えます。ただし、大きさ変更の図や表に文字が含まれる場合には注意が必要です。文字は図寸で管理されているため、標準では大きさが変更されません。文字も線や円と同じ倍率で大きさ変更するには、「作図属性」での指定が必要です。
ここでは、「60.jww」の用紙枠からはみ出している右上の表を、0.7倍の大きさに変更（縮小）する例で説明します。

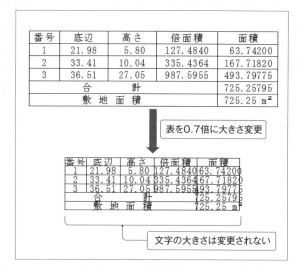

表を0.7倍に大きさ変更

文字の大きさは変更されない

1 表全体を0.7倍の大きさに変更する

「60.jww」を開き、右上の表全体を選択し、「移動」（図形移動）コマンドで0.7倍の大きさに変更（縮小）しましょう。

1 「範囲」（範囲選択）コマンドを🖱。

2 表の左上で🖱。

3 選択範囲枠で表全体を囲み、終点を🖱（文字を含む）。

POINT

選択範囲枠内の文字も大きさ変更の対象とするため、終点は🖱します。

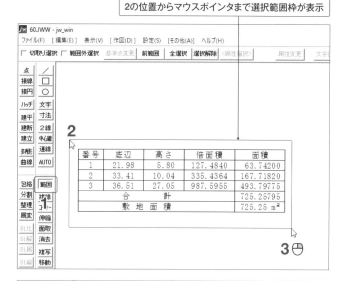

2の位置からマウスポインタまで選択範囲枠が表示

選択範囲の終点を指示して下さい (L)文字を除く (R)文字を含む (LL)(R

第8章 図面の文字・寸法を編集する

192

➡ 選択範囲枠に入るすべての要素が選択色になる。

POINT

この段階で要素を🖱（文字は🖱）することで、選択対象に追加（または除外）できます。

4 「移動」（図形移動）コマンドを🖱。

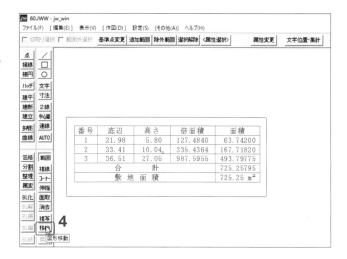

5 コントロールバー「倍率」ボックスに「0.7」を入力する。

POINT

「倍率」ボックスには、移動元の大きさを「1」として、「横の倍率，縦の倍率」を「，」（カンマ）で区切って入力します。5のように1つの数値だけを入力した場合は、横と縦に同じ倍率を指定したことになります。

6 コントロールバー「作図属性」ボタンを🖱。

7 「作図属性設定」ダイアログで「文字も倍率」にチェックを付け、「Ok」ボタンを🖱。

POINT

5の指定によって表の枠の大きさは0.7倍になりますが、図寸で管理されている文字要素の大きさは変化しません。文字の大きさも他の要素と同じ倍率で変更するため、6〜7の操作を行います。

表が0.7倍の大きさになり、自動で決まった基準点でマウスポインタに仮表示されるが、文字の外形枠が表からはみ出している

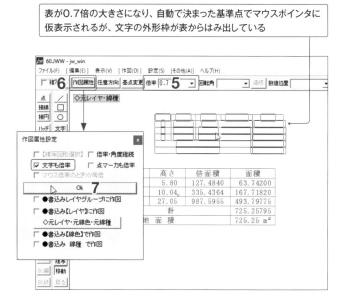

8 移動先を🖱。

➡ 🖱位置に文字ともに0.7倍の大きさで移動される。

POINT

大きさ変更された文字の文字種は、「任意サイズ」になります。

9 「／」（線）コマンドを🖱し、「移動」（図形移動）コマンドを終了する。

文字の外形枠が表に収まる大きさになる

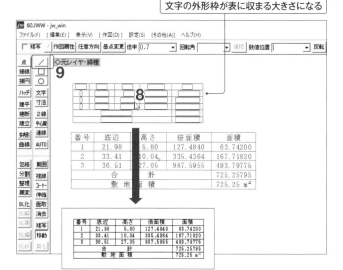

文字・寸法値の サイズ・フォントを変更する

文字や寸法値を個別・一括で属性変更

「8」フォルダー
「61.jww」

第 8 章 ── 図面の文字・寸法を編集する

文字要素の「文字種（サイズ・色No.）」「フォント」「記入されているレイヤ」を「属性」と呼びます。文字の色No.は、文字種ごとに線色で指定されるカラー印刷色の区別で文字の太さとは関係ありません（文字の太さは、フォントの種類によって変わる）。

記入されている文字の文字種・フォント・色・レイヤなどを変更することを「属性変更」と呼びます。文字列の属性を個別に変更する場合は「属変」（属性変更）コマンドで、複数の文字要素の属性をまとめて変更する場合は「範囲」（範囲選択）コマンドの「属性変更」で行います。

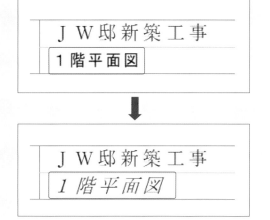

1 文字種・フォントを 個別に変更する

文字種5、MSゴシックで記入されている図面名「1階平面図」を、文字種6、MS明朝の斜体に変更しましょう。

1 「属変」（属性変更）コマンドを🖱。

POINT

1の操作の代わりに、メニューバー［編集］－「属性変更」を🖱しても同じです。

2 コントロールバー「書込文字種」ボタンを🖱。

3 「書込み文字種変更」ダイアログの「フォント」ボックスの▼ボタンを🖱し、リストから「MS明朝」を🖱。

POINT

コントロールバー「書込文字種」を変更後の文字種、フォントにします。リストには、使用しているパソコンにインストールされている日本語TrueTypeフォントが表示されます。

4 「斜体」にチェックを付ける。

5 「文字種[6]」を🖱。

POINT

文字種のほか、「フォント」や「斜体」「太字」なども「書込み文字種変更」ダイアログの指定に変更されます。

→ 「書込み文字種変更」ダイアログが閉じ、コントロールバー「書込文字種」ボタンの表示が**5**で選択した文字種になる。

POINT

文字は現在の基点を基準に大きさ変更されます。大きさ変更する文字に合わせて基点を指定します。

6 コントロールバー「基点」ボタンを🖱。

7 「文字基点設定」ダイアログで、文字の大きさ変更の基準点として「左中」を🖱。

→ 「文字基点設定」ダイアログが閉じ、コントロールバー「基点」ボタンの表示が**7**で選択した「(左中)」になる。

8 コントロールバー「書込みレイヤに変更」を🖱し、チェックを外す。

9 変更対象の文字「1階平面図」を🖱。

POINT

ここではレイヤは変更しないため、**8**のチェックを外します。文字の属性変更は、🖱で指示します。

→ 画面左上に 属性変更 と表示され、**9**で🖱した文字がその「左中」を基準点として、文字種6、MS明朝の斜体に変更される。

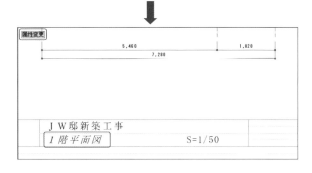

2 文字種・フォントを一括変更する

平面図の文字をすべて文字種5、MS明朝の斜体に変更しましょう。

1 「範囲」（範囲選択）コマンドを🖱。

2 範囲選択の始点として、平面図の左上で🖱。

3 選択範囲枠に平面図全体が入るように囲み、終点を🖱（文字を含む）。

➡ 選択範囲枠に全体が入る要素が選択色になる。

4 コントロールバー「属性変更」ボタンを🖱。

POINT

ここでは選択したすべての文字を変更しますが、特定の文字種だけを変更する場合は、4の前にコントロールバー「〈属性選択〉」ボタンを🖱し、「文字種類指定」を🖱して対象とする文字種を指定します（➡ 次ページのHINT）。

5 属性変更のダイアログで、「書込【文字種類】に変更」を🖱。

6 「書込み文字種変更」ダイアログで、変更後の文字種[5]を🖱。

POINT

文字種1〜10にないサイズに変更する場合は、「任意サイズ」を選択し、「幅」「高さ」「間隔」の値と「色No.」を指定して「OK」ボタンを🖱します。

7 属性変更のダイアログの「基点変更」ボタンを🖱。

POINT

現在の基点を基準に、文字が大きさ変更されます。ここでは寸法値の位置がずれないように考慮して、基点を「中下」に指定します。

8 「文字基点設定」ダイアログで「中下」を🖱。

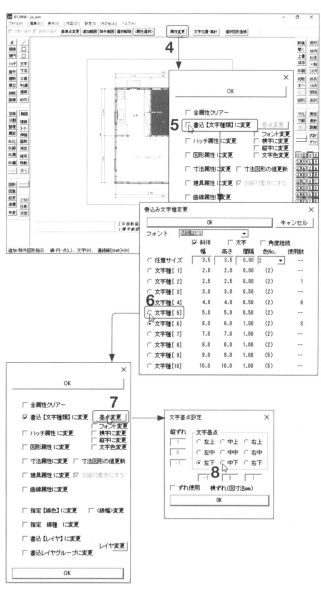

9 属性変更のダイアログの「フォント変更」を🖱️。

10「書込み文字種変更」ダイアログの「フォント」を「MS明朝」にし、「斜体」にチェックを付けて「OK」ボタンを🖱️。

11 属性変更のダイアログで「書込【文字種類】に変更」「フォント変更」にチェックが付いていることを確認し、「OK」ボタンを🖱️。

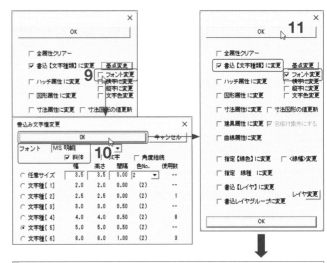

➡ 選択したすべての文字が、「中下」を基準として文字種5、MS明朝の斜体に変更される。

【POINT】
この図面には存在していませんが、複合要素であるブロック（➡ p.104）内の文字要素は、変更されません。変更するには、ブロックを分解（➡ p.165）してから変更操作を行うか、「BL編」（ブロック編集）コマンド（➡ p.166）で変更操作を行います。

HINT　特定の文字種だけを選択して変更する

上記では**3**で選択したすべての文字を変更しましたが、**4**の操作前に以下の操作を行うことで、特定の文字種だけを選択して属性を変更できます。

1 コントロールバー「〈属性選択〉」ボタンを🖱️。

2 属性選択のダイアログで「文字種類指定」を🖱️。

3「文字種選択」ダイアログで変更対象にする文字種にチェックを付け、「OK」ボタンを🖱️。

4 属性選択のダイアログで「【指定属性選択】」と「文字指定」「（文字種類指定）」にチェックが付いていることを確認し、「OK」ボタンを🖱️。

➡ 前ページで選択した要素の中から、**3**で指定した文字種だけが選択される。

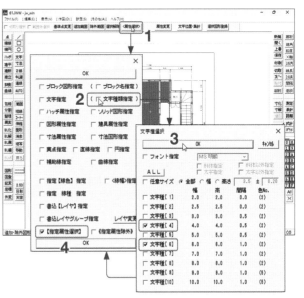

文字色をまとめて変更する

★☆☆　　基本設定変更と属性変更による文字色の一括変更

「8」フォルダー
「62.jww」

図面上の文字の色（色No.）は、画面上の表示色とカラー印刷時の印刷色を指定するもので、文字の太さを指定するものではありません。カラー印刷時に図面上の文字を「線色1」の印刷色で印刷するには、文字色を線色1に変更します。p.196と同様に、「範囲」（範囲選択）コマンドの「属性変更」で、「文字色変更」にチェックを付けて一括変更できます。ただし、この方法では寸法図形の寸法値の文字色は変更されません。また、文字色変更した文字の文字種は、すべて任意サイズになります。

ここでは、「基本設定」の「文字」タブの設定で文字色を変更し、それで変更されない任意サイズの文字は「範囲」（範囲選択）コマンドで文字色を変更する手順を説明します。

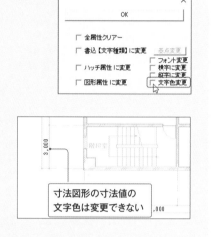

寸法図形の寸法値の
文字色は変更できない

1　基本設定で文字色を変更する

「62.jww」を開き、基本設定で、すべての文字色を線色1に変更しましょう。

1　「基設」（基本設定）コマンドを🖰。

2　「文字」タブを🖰。

3　「既に作図されている文字のサイズも変更する」にチェックを付ける。

4　「文字種1」～「文字種10」の「色No.」ボックスの数値を「1」にする。

POINT

寸法図形の寸法値は使用文字数に反映されないため、ここではすべての文字種の色No.を変更します。また、「任意サイズ」の「使用文字数」が「－－」（なし）の場合は、次項の変更操作は不要です。

5　「OK」ボタンを🖰。

➡ 寸法図形の寸法値も含め、図面上の文字種1～10の文字の文字色が線色1に変更される。

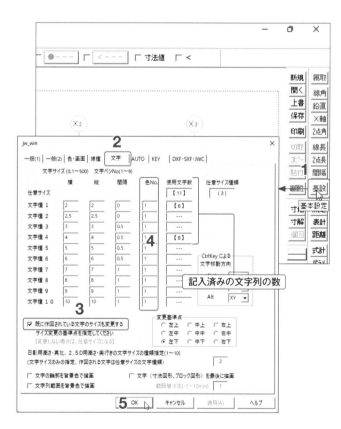

2 任意サイズの文字色を変更する

前項で変更されなかった任意サイズの文字（通り芯番号）の文字色を、線色1に変更しましょう。

1 「範囲」（範囲選択）コマンドを🖱。

2 コントロールバー「全選択」ボタンを🖱。

→ 書込・編集可能レイヤのすべての要素が選択色になる。

3 コントロールバー「〈属性選択〉」ボタンを🖱。

4 属性選択のダイアログで「文字種類指定」を🖱。

5 「文字種選択」ダイアログで「任意サイズ」にチェックを付け、「全部」を選択して「OK」ボタンを🖱。

6 【指定属性選択】と4のチェックが付いていることを確認し、「OK」ボタンを🖱。

→ 任意サイズの文字だけが選択されて選択色になる。

7 コントロールバー「属性変更」ボタンを🖱。

8 属性変更のダイアログで「文字色変更」を🖱。

9 「線色1」ボタンを🖱し、「Ok」ボタンを🖱。

10 属性変更のダイアログの「OK」ボタンを🖱。

任意サイズの文字だけが選択色

→ 任意サイズの文字の色が線色1になる。

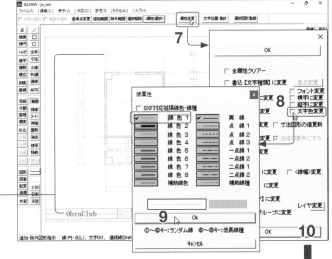

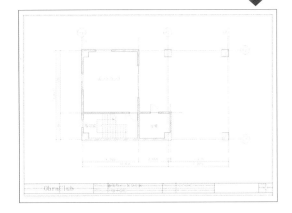

POINT

ブロック（→ p.104）内の文字の色は変更されません。変更するには、ブロックを分解（→ p.165）してから変更操作を行うか、「BL編」（ブロック編集）コマンド（→ p.166）で変更操作を行います。

62
文字色をまとめて変更する

199

寸法値を移動する

「8」フォルダー
「63_64.jww」

★★☆　　「寸法」コマンドの「寸法値」による寸法値の移動

Jw_cadで寸法を記入するとき、寸法値は一律に寸法線の中央上側に記入されます。そのため、寸法の間隔が狭いと、隣の寸法値と一部が重なり読みづらくなります。このような場合は、寸法を記入した後、個別に寸法値を見やすい位置に移動することで対処します。

寸法線と寸法値が1セットになっている寸法図形の寸法値は文字要素ではないため、「文字」コマンドでは移動できません。また、画面上での目視では寸法図形なのかはわからないため、寸法図形か否かに関係なく、寸法値の移動は「寸法」コマンドの「寸法値」で行います。

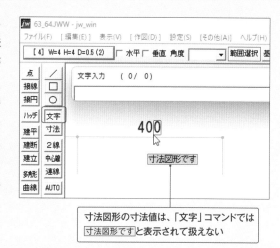

寸法図形の寸法値は、「文字」コマンドでは寸法図形ですと表示されて扱えない

1　寸法値を移動する

「63_64.jww」の机天板の厚み寸法「25」を見やすくするため、上側（寸法線の外）にずらしましょう。

1　「寸法」コマンドを🖱。

2　コントロールバー「寸法値」ボタンを🖱。

POINT

「寸法値」では2点の寸法値の記入（➡ p.185）や寸法値の移動、変更（➡ p.202）を行います。寸法値を移動するにはその寸法値を🖱します。

3　移動対象の寸法値を🖱。

POINT

移動対象の寸法値が寸法図形の場合は、その寸法線を🖱することでも指定できます。

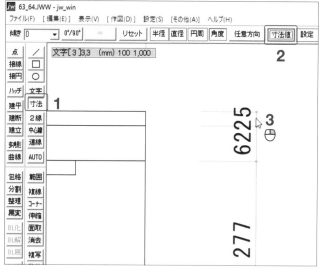

➡ マウスポインタにその「中下」を合わせ、移動対象の寸法値の外形枠が仮表示される。

4 「任意方向」ボタンを🖱。

POINT

「任意方向」ボタンを🖱するたび、寸法値の移動方向が「−横−方向」（横方向固定）⇒「｜縦｜方向」（縦方向固定）⇒「＋横縦方向」（横または縦方向固定）に切り替わります。🖱では、その逆順に切り替わります。「−横−方向」「｜縦｜方向」は、画面に対する横と縦ではなく、文字に対する横と縦です。

寸法値の外形枠がマウスポインタに仮表示される

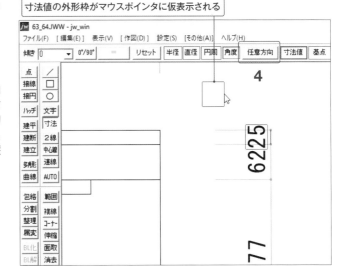

➡ 「任意方向」ボタンが「−横−方向」ボタンに変わり、寸法値の外形枠の移動方向が文字の横方向（ここでは画面に対して縦方向）に固定される。

5 移動先の位置を🖱。

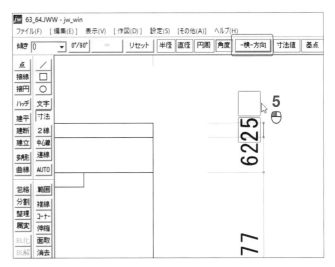

文字の位置を指示して下さい (L)free (R)Read

➡ 🖱位置に移動される。

6 コントロールバー「リセット」ボタンを🖱し、寸法値の移動を終了する。

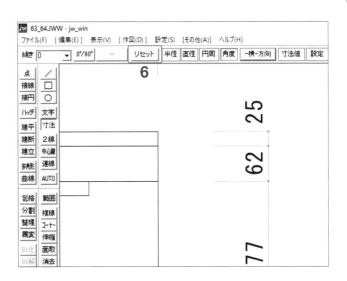

寸法値を書き換える

「寸法」コマンドの「寸法値」による寸法値の変更

★★☆

「8」フォルダー
「63_64.jww」

寸法線と寸法値が1セットになっている寸法図形の寸法値は文字要素ではないため、「文字」コマンドでは書き換えできません。また、画面上での目視では寸法図形なのかはわからないため、寸法図形か否かに関係なく、寸法値の書き換えは「寸法」コマンドの「寸法値」で行います。

ここでは、「63_64.jww」の机の幅の寸法値「800」を「W=800 ～ 1,500」に書き換える例で、その手順を説明します。

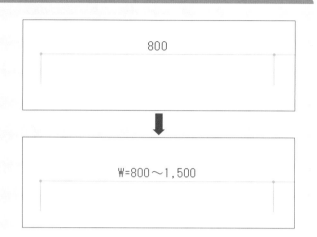

1 寸法値を書き換える

寸法値「800」を「W=800～1,500」に書き換えましょう。

1 「寸法」コマンドを🖱。

2 コントロールバー「寸法値」ボタンを🖱。

3 変更対象の寸法値「800」を🖱🖱（変更寸法値指示）。

POINT

変更対象の寸法値が寸法図形の場合は、3でその寸法線を🖱🖱することでも指定できます。

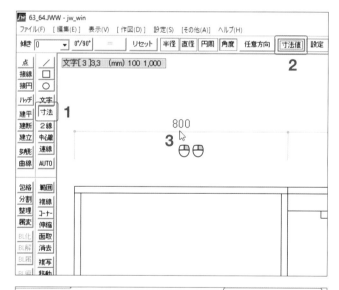

4 「寸法値を変更してください」ダイアログの「寸法図形を解除する」にチェックを付ける。

寸法図形の寸法値は、常にその寸法線の実寸値を表示します。そのため、寸法図形を解除せずに寸法値を書き換えると、それらの寸法を含む図を移動したときなどに元の寸法値に戻ってしまいます。そのような問題を回避するため、必ず4のチェックを付けてください。変更する寸法値が寸法図形でない場合、「寸法図形を解除する」はグレーアウト表示されるので、チェックを付ける必要はありません。

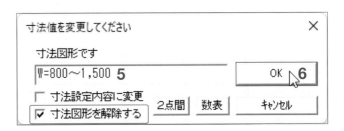

5 「数値入力」ボックスの「800」を「W＝800～1,500」に変更する。

「～」は、半角/全角キーを押して日本語入力を有効にしてから、「から」と入力して変換します。

6 「OK」ボタンを🖱。

➡ 寸法値「800」が「W＝800～1,500」に変更される。

寸法図形が解除され、変更後の寸法値「W=800～1,500」と寸法線は文字要素と線要素に分解されます。

7 コントロールバー「リセット」ボタンを🖱し、寸法値の書き換えを終了する。

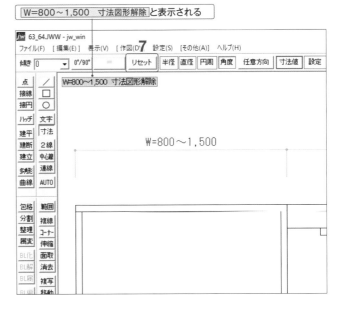

203

寸法線だけを消去する

★☆☆　寸法図形を解除して寸法線を消去

「8」フォルダー
「65.jww」

第**8**章

図面の文字・寸法を編集する

寸法図形の寸法線と寸法値は1セットになっているため、どちらか一方だけを消去することはできません。一方だけを消去するには、まず寸法図形を解除し、線要素と文字要素に分解する必要があります。

教材図面の「65.jww」の半径寸法も寸法図形なので、寸法線を消去するとその寸法値も消去されてしまいます。ここでは、寸法図形を分解してから、寸法値を残して寸法線だけを消去します。

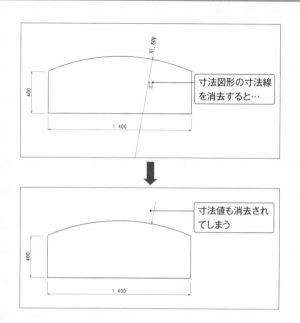

寸法図形の寸法線を消去すると…

寸法値も消去されてしまう

1 寸法図形を解除（分解）する

半径寸法の寸法図形を、寸法線と文字要素に分解しましょう。

1 「寸解」（寸法図形解除）コマンドを🖱。

POINT

1の操作の代わりに、メニューバー[その他]－「寸法図形解除」を🖱しても同じです。

2 解除対象の寸法線（または寸法値）を🖱。

➡ 選択した寸法図形が解除され、画面左上に 寸法図形 解除 と表示される。

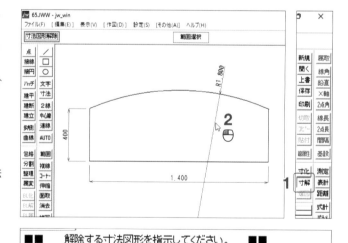

■■　解除する寸法図形を指示してください。　■■

2 寸法線を消去する

寸法線を消去しましょう。

1　「消去」(図形消去)コマンドを🖱。

2　寸法線を🖱。

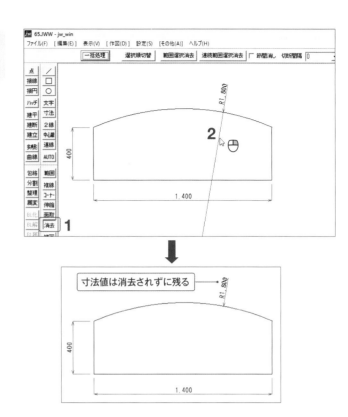

➡ 寸法線だけが消去される。

65

寸法線だけを消去する

HINT　複数の寸法図形を一括して解除(分解)する

「寸解」(寸法図形解除)コマンドで範囲選択することで、複数の寸法図形を一括して解除(分解)できます。

1　「寸解」(寸法図形解除)コマンドのコ
　　ントロールバー「範囲選択」ボタンを
　　🖱。

2　範囲選択の始点を🖱。

3　選択範囲枠に解除対象の寸法図形が
　　入るように囲み、終点を🖱。

POINT

選択範囲枠に全体が入る文字以外の要素が選択
色になります。この段階で寸法図形以外の要素
が選択色になっていても支障ありません。

4　コントロールバー「選択確定」ボタン
　　を🖱。

➡ 選択した寸法図形が解除され、画面左上に
　寸法図形解除 [*] と、解除した寸法図形の数が
　表示される(「*」の部分が個数)。

205

寸法値と寸法線を
ひとまとまりの寸法図形にする

「8」フォルダー
「66.jww」

★☆☆　　「寸化」(寸法図形化)コマンドによる寸法図形化

「寸法図形」とは、寸法値と寸法線が1セットとなった複合要素(➡ p.186)です。寸法図形の指定をしないまま寸法を記入してしまった場合や、他から受け取った図面ファイルの寸法が寸法図形になっていない場合に、それらを後から寸法図形にできます。

右図は、「66.jww」の「jw_win」ダイアログ「一般(1)」タブ(➡ p.82)です。寸法図形の数を表す「寸法」ボックスが「0」であることから、この図面に記入されている寸法が寸法図形ではないことがわかります。「寸化」(寸法図形化)コマンドを使って、これらの寸法を寸法図形にしましょう。

寸法図形は「0」

1　一括して寸法図形化する

図面上のすべての寸法を一括で、寸法値(文字要素)と寸法線(線要素)が1セットの寸法図形にしましょう。

1　「寸化」(寸法図形化)コマンドを🖱。

POINT

1の操作の代わりに、メニューバー[その他]−「寸法図形化」を🖱しても同じです。

2　コントロールバー「範囲選択」ボタンを🖱。

3　範囲選択の始点を🖱。

4　表示される選択範囲枠に寸法図形化する寸法全体が入るように囲み、終点を🖱(文字を含む)。

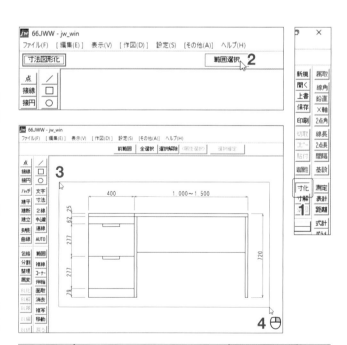

206

POINT

選択範囲枠に入るすべての要素が、寸法図形化の対
象として選択色になります。このとき寸法線と寸法
値以外の要素が選択されていても支障ありません。

5 コントロールバー「選択確定」ボタンを🖰。

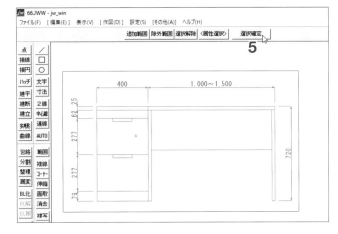

➡ 画面左上に **寸法図形化** と寸法図形化された数が表
示され、右図のように寸法図形化された寸法線と寸
法値が選択色で表示される。

POINT

寸法線と寸法値の位置が一定距離以上離れている場
合や、寸法線の長さと寸法値の値が異なる場合は寸
法図形化されません。寸法図形化されない要素は、
次項の方法で個別に寸法図形化してください。

選択色は寸法図形化された寸法値と寸法線

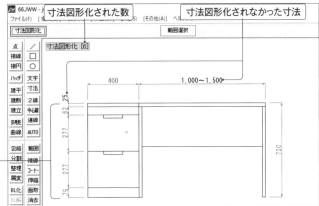

2 個別に寸法図形化する

寸法値と寸法線の長さが一致していないために
寸法図形化されなかった机の横幅寸法を、寸法
図形化しましょう。

1 「寸化」(寸法図形化)コマンドで、寸法図
形化の対象とする寸法線を🖰。

➡ 🖰した寸法線が選択色になり、ステータスバーには
寸法値指示を促すメッセージが表示される。

2 寸法値「1,000 ~ 1,500」を🖰。

➡ 寸法値が1の線の実寸法と異なるため、右図のダイ
アログが表示される。

3 「はい」ボタンを🖰。

➡ 画面左上に **寸法図形化** と表示され、**1**の寸法線と**2**の
寸法値が1セットの寸法図形になる。**2**の寸法値は、
1 の寸法線の実寸法「1,000」に変更される。

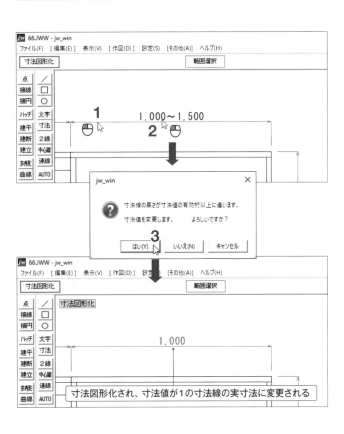

寸法値の単位を一括変更

寸法図形の利点の1つは、p.138の40で紹介したように、パラメトリック変形で大きさを変えると寸法値も自動的に変更されることです。

もう1つの利点は、以下で紹介する「値更新」です。記入済みの寸法値（寸法図形に限る）の単位や小数点以下の桁数などを一括変更できます。

▶ 寸法図形の「値更新」

1 「寸法設定」ダイアログを開き（➡ p.180）、枠囲み部分を変更後（右図では全角文字、寸法単位m、寸法単位表示有、小数点以下2桁）の設定にする。

2 「寸法図形を複写・パラメトリック変形等で…」にチェックを付ける。

POINT

このチェックを付けると、移動・複写・パラメトリック変形を行ったときも寸法図形の寸法値が「寸法設定」ダイアログでの指定に変更されます。目的とする値更新が完了したら、このチェックは外してください。

3 「OK」ボタンを🖱。

4 「範囲」（範囲選択）コマンドを🖱。

5 変更対象の図面全体を範囲選択する。

POINT

寸法以外の要素が含まれても支障ありません。

6 コントロールバー「属性変更」ボタンを🖱。

7 「寸法図形の値更新」にチェックを付ける。

8 「OK」ボタンを🖱。

➡ 5で選択した寸法図形の寸法値が、1で指定した設定に変更される。

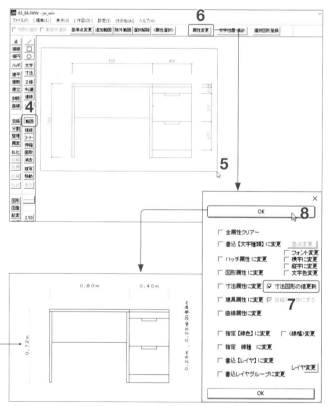

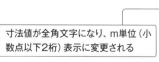

寸法値が全角文字になり、m単位（小数点以下2桁）表示に変更される

第9章

「こんなときはどうする?」
困ったときの対処方法

第9章では、第2章から第8章で紹介
した操作を実務で行ったときに、思
い通りにならない場合の対処方法
を解説します。

67 開いた図面ファイルに 何も表示されない

いくつかの原因が考えられます。図面を開いたJw_cad画面で以下の **CHECK 1** ～ **CHECK 2** を順に行い、その結果から原因を判断して対処しましょう。

CHECK 1　タイトルバーの表示を確認する

Jw_cad図面（*.jww）を開いた後、タイトルバーの表示を確認する。

> **JW** **無題** - jw_win
> ファイル(F)　[編集(E)]　表示(V)　[作図(D)]

> **JW** **202301.jww** - jw_win
> ファイル(F)　[編集(E)]　表示(V)　[作図(D)]

「無題−jw_win」と表示されている

図面ファイルが開かれていません。「開く」コマンドから開いたときにこの状態の場合、ファイルが破損している可能性があります。その場合、Jw_cadで開くことはできません。

開いた図面のファイル名が表示されている

➡ **CHECK 2**

CHECK 2　図面の要素数を確認する

「基設」（基本設定）コマンドを選択し、「jw_win」ダイアログの「一般（1）」タブの最下行で、開いた図面の要素数を確認する。

すべての数値ボックスが「0」と表示されている

使用しているJw_cadのバージョンが、図面を保存したJw_cadよりも古いことが原因です。以下のいずれかの方法で対処します。

対処1： Jw_cadをバージョンアップする
　　　　➡ p.12

対処2： 図面を保存するJw_cadで、旧バージョン形式を指定して保存する
　　　　➡ p.74の⑳

いずれかの数値ボックスに「0」以外の数値が表示されている

線数	円数	文字	点数	寸法	ブロック.ソリッド
2142	139	46	29	14	1.7

➡ **CASE1** ～ **CASE4**

CASE 1

図面が作図されているレイヤが非表示レイヤになっている

➡

対処3：すべてのレイヤを編集可能レイヤにする
➡ p.213の68の対処2

CASE 2

図面要素が背景色と同じ色である

➡

対処4：画面表示色を調整する
➡ p.213の68の対処3

CASE 3

縮尺が小さすぎて図面要素が見えない

➡

対処5：縮尺を確認して変更する

| A-3 | S=1/1e+06 | [2-0] | ∠0 | × 0.5 |

縮尺「S=1/1e+06」は1/1000000を示す

縮尺の変更 ➡ p.137

CASE 4

画面に表示されていない範囲（用紙枠外）に図面が作図されている

➡

対処6：用紙サイズを大きくする

✓　A-3
　　A-4
　　2 A　●　　　　2AはA0の2倍
　　3 A　●　　　　3Aは2Aの2倍
　　4 A　🖰
　　5 A
　　10m　　　　　10m、50m、100m
　　50m　　　　　は用紙の横幅
　　100m

A-3 | S=1/100 | [2-0]

ステータスバーの「用紙サイズ」ボタンを🖰し、リストから大きいサイズの用紙を🖰で選択する

➡

対処7：すべての要素を選択して用紙枠内に移動する
➡ 次ページ

対処7：用紙枠外にある全要素を用紙枠内に移動する

すでに前ページの対処3～6が行われていることを前提に、以下に手順を説明します。

1　「範囲」(範囲選択)コマンドを🖱。

2　コントロールバー「全選択」ボタンを🖱。

POINT

書込・編集可能レイヤのすべての要素が選択され、自動的に基準点がその中央部となります。

3　「移動」(図形移動)コマンドを🖱。

4　移動要素の中央付近を基準点としてマウスポインタに**2**で選択した要素が仮表示されるので、移動先として用紙の中央付近を🖱。

5　「／」(線)コマンドを選択し、「移動」(図形移動)コマンドを終了する。

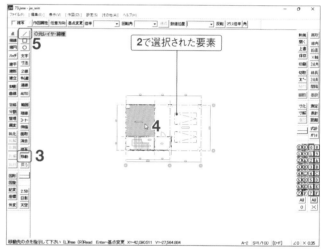

**線・文字など、
図面の一部が表示されない**

作図されている図面の一部が表示されない場合、いくつかの原因が考えられます。以下の対処を順番に
行いましょう。

対処1：Direct2Dのチェックを外す

パソコンによっては、［表示］メニューの「Direct2D」にチェック
が付いていると、作図ウィンドウの表示に不具合が生じることがあ
ります。

1　メニューバー［表示］を🖱。

2　表示される「Direct2D」にチェックが付いている場合は、
　　「Direct2D」を🖱してチェックを外す。

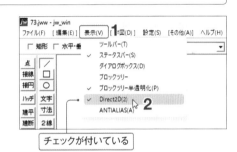

対処2：すべてのレイヤを編集可能レイヤにする

要素が作図されているレイヤが、非表示レイヤになっている可能
性があります。以下の操作ですべてのレイヤを編集可能レイヤに
してみましょう。

1　ステータスバー「書込レイヤ」ボタンを🖱。

2　「レイヤ設定」ダイアログの「全レイヤ編集」ボタンを🖱。

POINT
表示状態の変更を禁止するプロテクトレイヤ（×）がある場合は、プロ
テクトレイヤを解除（➡ p.231）してから上記の操作を行ってください。

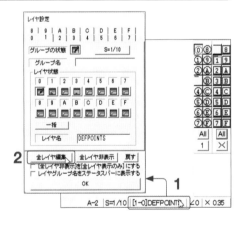

対処3：画面表示色を調整する

画面表示色の設定に問題があり、特定の線色の線や文字が表示されていない可能性があります。以下を順番に行
い、画面の表示色を調整してみましょう。

1　画面の表示色を初期化する（➡ p.217の71）

2　「基設」（基本設定）コマンドで開く「jw_win」ダイアログ
　　の「DXF・SXF・JWC」タブの「背景色と同じ色を反転す
　　る」にチェックを付けることで、背景色と同じ色を反転表
　　示する。

69 文字だけが表示されない／極小で表示される

図面ファイルを開いたとき、文字だけが表示されなかったり、極小になったりする場合は、以下の **CHECK** と対処を行いましょう。

CHECK 文字要素があることを確認

文字要素の有無を確認するため、「寸法図形の解除」（➡ p.204）と、すべてのブロックの解除（➡ p.165）を行ってから以下を確認する。

「基設」（基本設定）コマンドを選択し、「jw_win」ダイアログの「一般（1）」タブの最下行の数値ボックスで、開いた図面に文字要素があることを確認する。

| 線数 | 2142 | 円数 | 139 | 文字 | 46 | 点数 | 29 | 寸法 |

「文字」ボックスの数値を確認する ── OK ── キャンセ

「文字」ボックスに「0」と表示される

この図面ファイルには文字は存在しません。もともと文字が記入されていても、ファイル変換など何らかの作業過程で文字が抜け落ちてしまったことが考えられます。

「文字」ボックスに「0」以外の数値が表示される

図面ファイルのどこかに文字が存在します。
まずは、p.213の68の対処1〜3を行ってください。
それでも改善されない場合は、以下の対処1〜2を順に行ってください。

対処1：「文字」タブの文字サイズを確認、変更する

他のCADから受け取ったDXFファイルや、他のCADで変換したJWWファイルを開いた場合に、文字種1〜10のサイズが横幅0.1mm（図寸）など極小サイズになってしまい、画面上では文字がないように見えることがあります。文字のサイズ設定を確認し、必要に応じて大きさを変更しましょう。

1 「基設」（基本設定）コマンドを🖱。

2 「jw_win」ダイアログの「文字」タブを🖱。

3 それぞれの文字種の大きさを確認する。

ここで確認するのは「横」「縦」ボックスの数値が「1」未満の文字種です。そのような文字種がある場合は、次の手順で大きさを変更します。

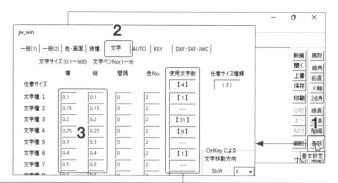

「使用文字数」ボックスには、文字種ごとに、この図面ファイルで使用されている文字列の数が表示される（ただし寸法図形の寸法値とブロック内の文字は計算に含まれない）

4 「既に作図されている文字のサイズも変更する」にチェックを付ける。

5 「変更基準点」として「中下」を🖱。

POINT
記入済みの文字サイズを変更するため、**4**のチェックを付けます。大きさ変更のときの基準点を**5**で選択します。寸法が多いことを想定し、寸法値の位置ずれを最小限にするため、ここでは「中下」を🖱しましたが、図面によって適宜、指定してください。

6 各文字種の「横」「縦」ボックスの数値を一般的な大きさに変更する。

7 「OK」ボタンを🖱。

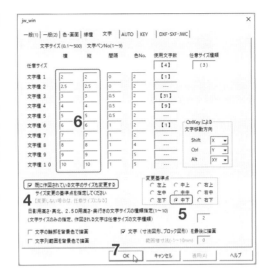

対処2：すべての任意サイズの文字の大きさを変更する

文字の種類が「任意サイズ」の場合、対処1の方法では大きさは変更されません。p.199の**1**〜**6**の操作で任意サイズの文字をすべて選択してから、p.196の**4**〜**11**の操作で文字種変更を行い、大きさを変更します。

POINT
この方法では、ブロックに含まれる文字の大きさは変更されません。ブロックが解除されていることが前提です。

1 p.199の**1**〜**6**の操作を行い、任意サイズの文字を選択する。

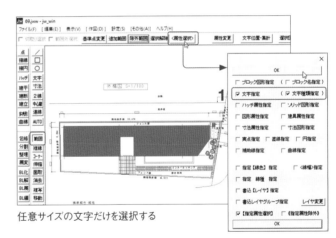

任意サイズの文字だけを選択する

2 p.196の**4**〜**8**の操作を行い、「OK」ボタンを🖱して選択した任意サイズの文字種を変更することで大きさを変更する。

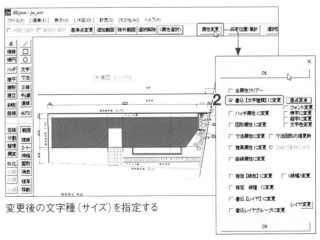

変更後の文字種（サイズ）を指定する

215

あるはずの画像が表示されない

はじめに、p.213の対処1 ～ 2を行ってください。それでも表示されない場合は、以下の CHECK を行ってみましょう。

CHECK 画像があるはずの位置を確認

画像があるはずの位置に、下図のような英数字を羅列した文字列と点線枠がないかを確認する。

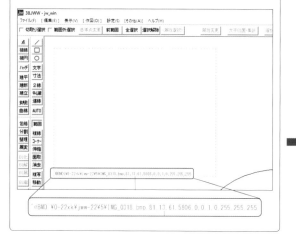

@BMD:¥0-22xk¥jww-22¥5¥IMG_0318.bmp,81.13,61.5806,0,0,1,0,255,255,255

文字列も点線枠もない

画像がJw_cadで挿入されていた形跡はありません。また、DXFファイルやSXFファイルを開いた場合、画像はJw_cadでは読み取れません。

左図のような文字列や点線枠がある

その図面ファイルに画像が同梱されていないことが原因です（➡ 以下のHINT）。

対処1：バージョン7以降のJw_cadで画像を挿入し、p.132を参考にして、画像同梱した図面ファイルを改めて受け取る

対処2：画像ファイルを入手し、p.130を参考にして、改めて画像の挿入と同梱を行う

HINT Jw_cadの画像表示のしくみ

Jw_cadで図面に画像を挿入すると、画像表示位置に外部にある画像ファイルを表示するための命令文が記入されます。この段階では、挿入した画像とJw_cad図面ファイルは別々のファイルになっています。そのため、挿入した画像ファイルを移動したり、Jw_cad図面ファイル（*.jww）を他のパソコンで開いたりした場合は、画像は表示されません。

画像同梱（➡ p.132）を行い、図面ファイルを（上書）保存することで、JWWファイルに画像も同梱され、JWWファイルだけを他のパソコンのJw_cadへ渡しても画像が表示されます。

画像の左下には、画像ファイルの収録場所、ファイル名、表示サイズなどを示す表示命令文が記入されている

@BMD:¥0-22xk¥jww-22¥5¥IMG_0318.bmp,81.13,61.5806,0,0,1,0,255,255,255

画像ファイルの収録場所
ファイル名
表示サイズなど

71 図面を開くと画面の背景色が黒になる

「図面を開くと画面の背景が黒くなってしまった」「図面を開くと別の色に変わってしまった」という現象は、その図面ファイル保存時の画面表示色が再現されたためです。

図面ファイルを開いた後、画面表示色の初期化を行い、「背景色：白」の設定に戻します。

1 「基設」（基本設定）コマンドを🖱。

2 「jw_win」ダイアログの「色・画面」タブを🖱。

3 「色彩の初期化」ボタンを🖱。

➡ グレーアウトしていた「背景色：白」～「線幅」ボタンが指定可能になる。

4 「背景色：白」ボタンを🖱。

5 「OK」ボタンを🖱。

➡ 作図ウィンドウの背景色が白に変わり、各線色も初期値の色になる。

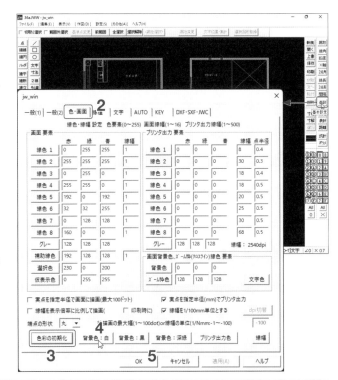

HINT 画面色の設定

Jw_cadの背景色を含む画面色の設定は、図面ファイルに保存されます。
「基設」（基本設定）コマンドで開く「jw_win」ダイアログの「一般（1）」タブで、「ファイル読込項目」欄の「線色要素・線種パターン・点半径」にチェックを付けて図面ファイルを開くと、図面保存時の画面色で図面が開きます。このチェックを付けずに図面ファイルを開くと、画面色は変更されません。ただし、その場合、印刷の線幅設定も反映されません。

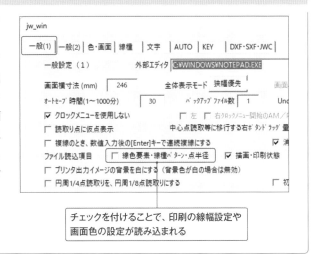

チェックを付けることで、印刷の線幅設定や画面色の設定が読み込まれる

72 線や実点、文字が印刷されない

プリンターのインク切れなどの原因以外で、一部の線や文字が印刷されない場合は、 CASE 別に以下の対処をしてみましょう。

CASE 1

画像・塗りつぶしに重なる線や文字が印刷されない

➡ 対処：基本設定の描画順設定が原因なので、描画順を変更する ➡ p.128 HINT

CASE 2

寸法端部の実点が印刷されない

➡ 対処：実点の印刷サイズを変更する ➡ p.38

CASE 3

上記以外の線、円、文字が印刷されない

➡ 対処：以下の CHECK を確認する

CHECK 「印刷」コマンドのコントロールバー「カラー印刷」のチェックの有無で、その変化を確認する

「印刷」コマンドの「カラー印刷」のチェックを付けたときと外したときで、印刷されない線、円、文字の画面上の表示が変わるかを確認する。

| 回転 0° | プリンタの設定 | ☑ カラー印刷 | 出力方法設定 |

➡ **チェックなしでは表示されるが、チェックを付けると画面から消去される**

カラー印刷色が「白」に設定されていることが原因です。

対処：カラー印刷色を変更する

「属性取得」（➡ p.100）で線色を確認し、その線色のカラー印刷色を白以外に設定変更します（➡ p.40）。

➡ **チェックの有無に関係なく、画面上は表示されている**

印刷されない要素の線色が「補助線色」（文字の場合、色No.が「9」）か、または線種が「補助線種」になっていることが原因です。

対処：印刷できる線色・線種に変更する

「属性取得」（➡ p.100）で線色・線種を確認してから、「範囲」（範囲選択）コマンドの「属性変更」を使って、印刷できる線色または線種に変更します（➡ p.151）。

73 画像が印刷されない／画像が黒くまたは粗く印刷される

画像が印刷されない場合や、黒くまたは粗く印刷される場合は、 **CASE** 別に以下の対処を行ってみましょう。

CASE 1

画像が印刷されない

以下の原因が考えられます。
- Jw_cadの「印刷」コマンドで回転の指定をしている
  ➡ 対処1
- 画像のサイズが大きすぎる
  ➡ 対処2
- 挿入した画像を回転している
  ➡ 対処3

POINT

プリンタードライバも含め、プリンター側の設定や性能によるところもありますが、対処1、対処2で解消しない場合は、対処3を行うことをお勧めします。

対処1：
「印刷」コマンドのコントロールバー「回転」ボタンを「回転0°」にする。用紙の向きは「プリンターの設定」ダイアログ（➡ p.30）で指定する

回転 0°　プリンタの設定

対処2：
- 図面上の画像の表示サイズを小さくする ➡ p.133
- 元の画像ファイルのサイズを小さくする

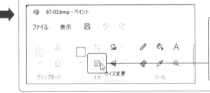

Jw_cadには画像ファイルのサイズ変更機能はないため、Windows標準搭載のソフト「ペイント」の「サイズ変更」を使って大きさを変更する

対処3：
PDFファイルとして出力し、「Adobe Reader」（➡ p.236の「PDFファイル」）から印刷する　PDFファイルとして保存する方法 ➡ p.80

CASE 2

画像が黒くなる、または粗くなる

Jw_cadでの「透過属性」の設定が影響している可能性があります。

対処1：
「基設」（基本設定）コマンドで開く「jw_win」ダイアログの「一般（1）」タブの「透過属性」のチェックを外す

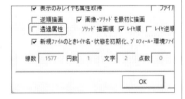

対処2：
「印刷」コマンドのコントロールバー「出力方法設定」ボタンを🖱して開く「プリント出力形式」ダイアログで、「BMPに展開出力」のチェックを外す

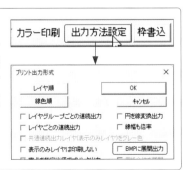

74 印刷時に「不正なデータがあります。〜」と表示される

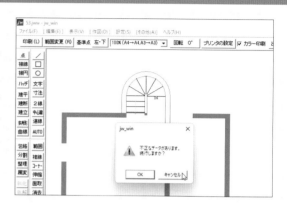

「印刷」コマンドのコントロールバー「印刷」ボタンを🖱すると、図面の一部が塗りつぶされたり、またはハッチング表示されたりして、「不正なデータがあります。続行しますか？」というメッセージが表示される場合の原因と対処方法を説明します。

Jw_cadでは、特別なレイヤ名を付けることで、そのレイヤに作図されている外形線の内部を印刷時だけ塗りつぶす（またはハッチングを施す）機能があります（➡ 詳しくは別書『Jw_cad 8を仕事でフル活用するための88の方法』のMethod 53）。その特別なレイヤ名のレイヤに作図されている外形線が途切れて閉じた連続線になっていなかったり、不要な線が作図されていたりすると、印刷時に正しく塗りつぶせないため、このメッセージウィンドウが表示されます。まずは、「キャンセル」ボタンをクリックして印刷を中止し、以下のいずれかの対処を行います。

対処1：問題の個所を見つけ出し、正しく塗りつぶせるように修正する

1 「印刷」コマンドのコントロールバー「印刷」ボタンを、Ctrl キーを押したまま🖱。

POINT

1の操作で、印刷される状態を事前に表示する印刷プレビューになります。

Ctrl キー＋🖱

プレビューで塗りつぶしが正しくされない付近に問題がある

2 「不正なデータがあります。〜」のメッセージウィンドウで、「OK」ボタンを🖱。

3 プレビュー表示を確認し、問題のありそうな個所を見つけ出し、右図のメッセージウィンドウの「OK」ボタンを🖱。

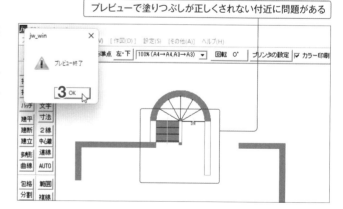

4 「属性取得」やレイヤー覧などで、塗りつぶしが指示されているレイヤを書込レイヤにし、他のレイヤをすべて非表示レイヤにしてから、問題の個所を修正する。

対処2：問題のレイヤを見つけ出し、レイヤ名を消去することで、印刷時の塗りつぶしをやめる
レイヤ名の変更 ➡ p.93

75 特定の塗りつぶし部分が グレーで印刷される

カラー印刷すると特定の塗りつぶし部分が画面表示の色とは異なるグレーで印刷される場合、塗りつぶし部分は任意色ではなく、線色で塗りつぶされています。また、SXFファイルを開いた場合の塗りつぶし部分は、SXF対応拡張線色の線による細かいハッチングで、ブロックになっています。以下の **CHECK** の手順で、その線色を確認して対処しましょう。

CHECK 対象のソリッド部を属性取得する

1 「属取」(属性取得)コマンドを🖱。

2 ソリッド部を🖱。

➡ 「(ソリッド図形)」と表示されるか、「ブロックの編集」ダイアログが開き、書込線が🖱した線色になる。「ブロックの編集」ダイアログが開いた場合は、「キャンセル」ボタンを🖱。

3 「線属性」バーを🖱。

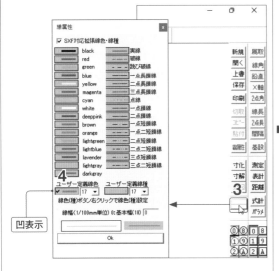

凹表示

4 「線属性」ダイアログで、2で属性取得した線色（凹表示）を確認する。

凹表示（線色）が標準線色の場合

その線色のカラー印刷色がグレーになっていることが原因です。

対処1：その線色のカラー印刷色を変更する
（➡ p.40）

凹表示（線色）がSXF対応拡張線色の場合

対処2：ユーザー定義線色の定義をしなおす

1 「線属性」ダイアログの凹表示になった「ユーザー定義線色」ボタンを🖱。

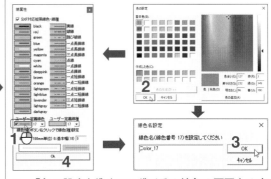

2 「色の設定」ダイアログでその線色の画面上の表示色が選択されているので、「OK」ボタンを🖱。

3 「線色名設定」ダイアログの「OK」ボタンを🖱。

4 「線属性」ダイアログの「OK」ボタンを🖱。

76 変更した印刷線幅が反映されない

個別線幅

「jw_win」ダイアログで印刷線幅の設定（→ p.36）が反映されない線は、作図線ごとに線幅を指定する「個別線幅」の線です。

それらの印刷線幅を「jw_win」ダイアログの設定で指定できるように、標準線色の基本幅に変更する手順を説明します。

対処 ： 標準線色の基本幅に変更する

1 「属取」（属性取得）コマンドを🖱。

2 印刷線幅の変更が反映されない線を🖱。

> ➡ 2と同じ線色・線種が書込線になり、2が作図されているレイヤが書込レイヤになる。

属性取得 と表示

3 「範囲」（範囲選択）コマンドを🖱。

4 コントロールバー「全選択」ボタンを🖱。

> ➡ 書込・編集可能レイヤのすべての要素が選択され、選択色になる。

5 コントロールバー「〈属性選択〉」ボタンを🖱。

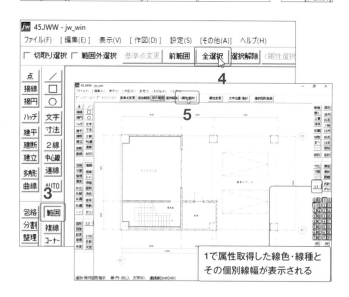

1で属性取得した線色・線種とその個別線幅が表示される

6 属性選択のダイアログで、「指定【線色】指定」を🖱。

7 「線属性」ダイアログで、2で属性取得した線色が選択されていることを確認し、「Ok」ボタンを🖱。

8 6で🖱した「指定【線色】指定」と、「【指定属性選択】」にチェックが付いていることを確認し、属性選択のダイアログの「OK」ボタンを🖱。

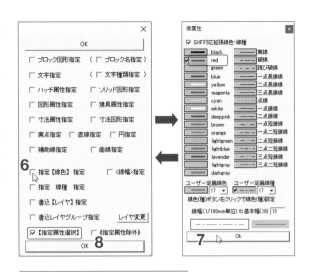

9 コントロールバー「属性変更」ボタンを🖱。

10 「〈線幅〉変更」にチェックを付ける。

11 「指定【線色】に変更」を🖱。

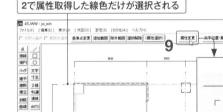

12 「線属性」ダイアログの「SXF対応拡張線色・線種」を🖱し、チェックを外す。

13 「線幅」ボックスを「0」(基本幅)にする。

14 変更後の線色を選択して「Ok」ボタンを🖱。

POINT

変更後の線色は、「線属性」ダイアログの「SXF対応拡張線色・線種」のチェックを外してから標準線色1～8のいずれかを選択してください。

15 「指定【線色】に変更」と「〈線幅〉変更」にチェックが付いていることを確認し、「OK」ボタンを🖱。

➡ **2**で属性取得した線色が、**14**で指定した線色の基本幅に変更される。

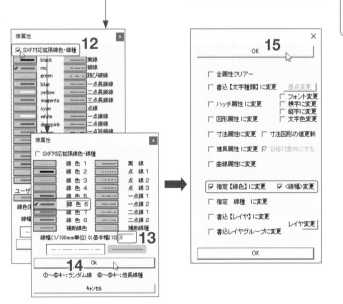

223

77 測定結果が図面上の寸法と異なる

DXFファイルを開いた図面などで、記入されている寸法とJw_cad上で測定した寸法が異なることがあります。変換精度の問題であったり、PDFファイルの図面やスキャナーで読み取った図面をDXFファイルに変換したことによるものであったり、その原因はさまざまです。
このような場合は、以下の手順で、正しい寸法になるように図全体の大きさを調整します。

対処：図全体の大きさを変更する

p.48を参考にして、横方向と縦方向の寸法がわかる部分を測定し、その実寸法を確認します。

1 測定対象を属性取得する。

2 「測定」コマンドを🖱。

3 横方向の寸法値が記入されている2点間を測定する。

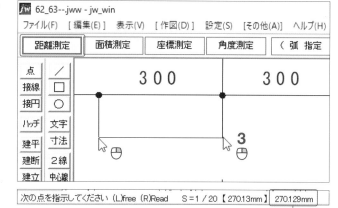

本来、横方向の寸法値は300mmのところが270.129mm

4 縦方向の寸法値が記入されている2点間を測定する。

POINT

スキャナーで読み取った図面やPDFファイルの図面をDXF変換した図面は、元の図面と縦横比が違っていることもあり得るため、両方の寸法を測定します。

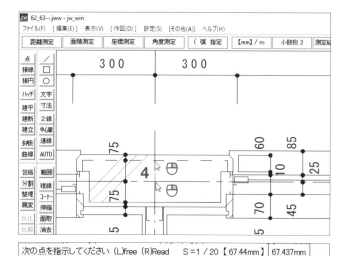

本来、縦方向の寸法値は75mmのところが67.437mm

図面全体を、横（X）方向を「300÷270.129」倍、縦（Y）方向を「75÷67.437」倍にして移動することで調整しましょう。

1 「範囲」（範囲選択）コマンドを🖱。

2 コントロールバー「全選択」ボタンを🖱。

POINT

「全選択」ボタンを🖱すると、書込・編集可能レイヤのすべての要素が選択されます。

3 すべての要素が選択色になったことを確認し、「移動」（図形移動）コマンドを🖱。

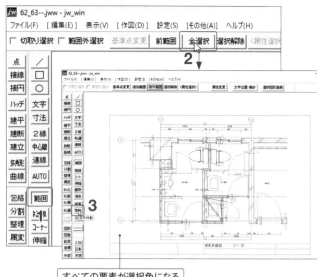

すべての要素が選択色になる

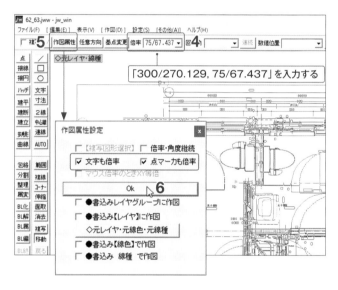

4 コントロールバー「倍率」ボックスに「300/270.129, 75/67.437」を入力する。

「300/270.129, 75/67.437」を入力する

POINT

「数値入力」ボックスに、X（横）方向とY（縦）方向の倍率を「,」（カンマ）で区切って入力します。数値の代わりに計算式を入力することで、その計算結果を指定できます。なお、「÷」は「/」、「×」は「＊」を入力します。

5 コントロールバー「作図属性」ボタンを🖱。

6 「作図属性設定」ダイアログの「文字も倍率」と「点マーカも倍率」にチェックを付け、「Ok」ボタンを🖱。

POINT

倍率を指定して移動しても、通常、図寸で管理される文字や点マーカ（➡ p.237）の大きさは変わりません。6のチェックを付けることで、コントロールバー「倍率」ボックスで指定した倍率で、文字と点マーカの大きさも変わります。大きさが変更された文字の文字種は「任意サイズ」になります。

7 移動先として、用紙の中央付近を🖱。

➡ 移動対象とした図面が、横（X）1.1105805倍（300÷270.129）、縦（Y）1.112149117倍（75÷67.437）の大きさで移動する。

8 「／」（線）コマンドを選択し、「移動」（図形移動）コマンドを終了する。

9 「測定」コマンドを選択し、実寸法が正しくなったことを確認する（➡ p.49）。

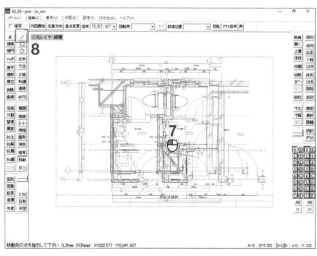

78 他の図面にコピーしたとき 一部の線が表示されない

「コピー」&「貼付」（➡ p.122）で確実にコピーしたのに、貼付先の図面で一部の要素が表示されない場合は、まず貼付先の図面でp.213の対処1～3を行ってください。

それでも表示されない要素は、その線種がSXF対応拡張線色の「ユーザー定義線種」です。貼付先の図面で「ユーザー定義線種」の定義がされていないと、それらの要素は表示されません。コピー元の図面でユーザー定義線種の番号と設定内容を確認し、貼付先の図面で同じ番号に同じ設定を定義することで、元の図面と同じ状態で表示されます。

コピー元の図面で ユーザー定義線種の内容を確認する

1 コピー元の図面を開き、「属取」（属性取得）コマンドを🖱。

2 貼付先で表示されない線を🖱。

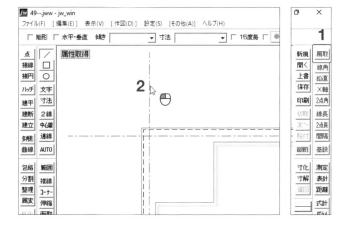

3 「線属性」バー（または「線属性」（線属性設定）コマンド）を🖱。

4 「線属性」ダイアログの凹表示のユーザー定義線種の番号を確認し、「ユーザー定義線種」ボタンを🖱。

5 「ユーザー定義線種設定」ダイアログの「セグメント数」「ピッチ（mm単位）」「1ユニットのドット数」ボックスの数値をメモする。

6 「ユーザー定義線種設定」ダイアログの「キャンセル」ボタンを🖱して閉じる。

7 「線属性」ダイアログの「Ok」ボタンを🖱して閉じる。

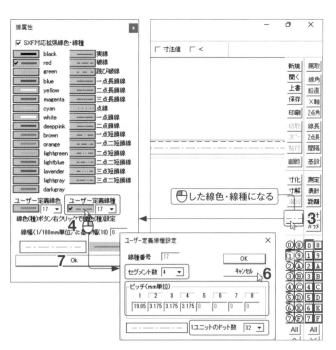

ユーザー定義線種を貼付先で定義する

1 貼付先の図面を開き、「線属性」バーを🖱。

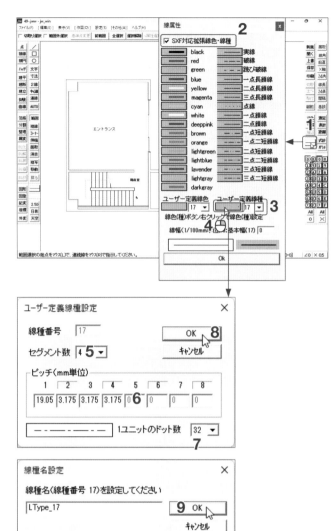

2 「線属性」ダイアログの「SXF対応拡張線色・線種」にチェックを付ける。

3 ユーザー定義線種の番号ボックスの▼を🖱し、表示されるリストからコピー元の図面と同じ番号（図は「17」）を選択する。

4 「ユーザー定義線種」ボタンを🖱。

5 「ユーザー定義線種設定」ダイアログの「セグメント数」ボックスの▼を🖱し、コピー元の図面で確認した数値（➡前ページの5）を選択する。

6 「ピッチ」ボックスに、コピー元の図面で確認した数値を入力する。

7 「1ユニットのドット数」の▼を🖱し、コピー元の図面で確認した数値を選択する。

8 「OK」ボタンを🖱。

9 「線種名設定」ダイアログの「OK」ボタンを🖱。

10 「線属性」ダイアログでユーザー定義線種の線種番号を確認し、「Ok」ボタンを🖱。

➡ 作図ウィンドウを再描画（全体表示など）すると、3で選択した番号のユーザー定義線種の要素が、5〜8で指定した線種で表示される。

POINT

SXF対応拡張線種のユーザー定義線種は、レイヤー覧ウィンドウでは表示されません。こうした現象を不便に感じる場合は、標準線種に変更して利用することをお勧めします。

線種の変更 ➡ p.150

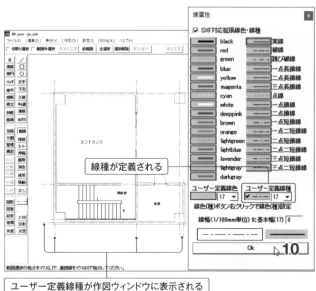

線種が定義される

ユーザー定義線種が作図ウィンドウに表示される

79 他の図面にコピーしたとき 一部の線や塗りつぶしがグレーになる

表示のみレイヤになっていないのに、貼付先の図面で画面表示色がグレーに変化する要素の線色は、SXF対応拡張線色の「ユーザー定義線色」です。貼付先の図面で「ユーザー定義線色」の定義がされていないため、グレーになります。コピー元の図面でユーザー定義線色の番号と設定内容を確認し、貼付先の図面で同じ番号に同じ設定を定義することで、元の図面と同じ色で表示されます。

コピー元の図面で ユーザー定義線色の内容を確認する

1 コピー元の図面を開き、「属取」(属性取得)コマンドを🖱。

2 貼付先でグレーになってしまう要素を🖱。

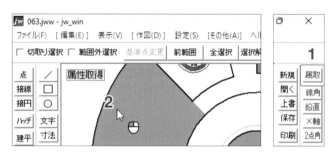

3 「線属性」バーを🖱。

4 「線属性」ダイアログの凹表示のユーザー定義線色の番号を確認し、「ユーザー定義線色」ボタンを🖱。

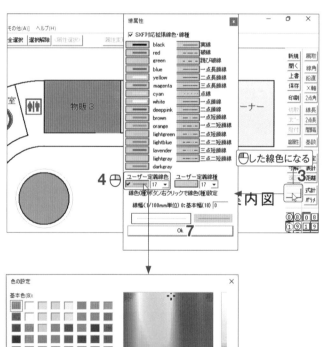

5 「色の設定」ダイアログ右下の「赤」「緑」「青」ボックスの数値をメモする。

6 「色の設定」ダイアログの「キャンセル」ボタンを🖱して閉じる。

7 「線属性」ダイアログの「Ok」ボタンを🖱して閉じる。

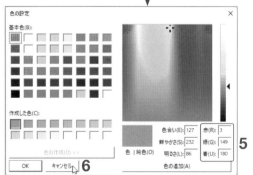

ユーザー定義線色を貼付先で定義する

1 貼付先の図面を開き、「線属性」バーを🖱。

2 「線属性」ダイアログの「SXF対応拡張線色・線種」にチェックを付ける。

3 ユーザー定義線色の番号ボックスの▼を🖱し、コピー元の図面と同じ番号（図は「17」）を選択する。

4 「ユーザー定義線色」ボタンを🖱。

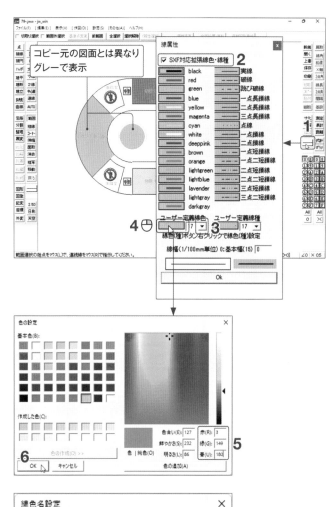

5 「色の設定」ダイアログで、右下の「赤」「緑」「青」ボックスの数値を、元の図面で確認した数値（➡ 前ページの5）に変更する。

6 「OK」ボタンを🖱。

7 「線色名設定」ダイアログでユーザー定義線色の線色番号を確認し、「OK」ボタンを🖱。

```
線色名設定                              ×

線色名（線色番号 17）を設定してください

[Color_17]              7  OK

                        キャンセル
```

8 「線属性」ダイアログの「Ok」ボタンを🖱。

➡ 作図ウィンドウを再描画（全体表示など）すると、3で選択した番号のユーザー定義線色の要素が、5で定義した色で表示される。

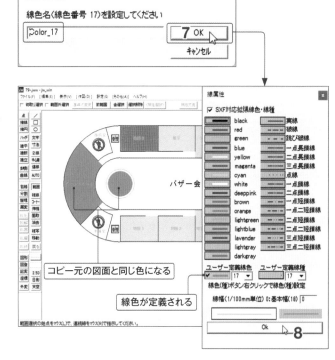

80 選択範囲枠で全体を囲んでも要素が選択できない

文字と画像を範囲選択する場合は、選択範囲枠の終点を⊕（文字を含む）する必要があります。

全体を選択範囲枠の内側に入れて終点を⊕（文字を含む）しても選択できない要素は、選択範囲枠の外に基準点がある「ブロック」です。他のCADで作成した図面をJw_cadで開いて編集するときなどに見られる現象です。

選択範囲枠で全体を囲んでも選択されない

対処： 選択範囲枠で囲んでも選択できない要素を追加選択する

1 「範囲」（範囲選択）コマンドで選択対象全体を囲み、終点を⊕（文字を含む）。

➡ 選択範囲枠に入る要素が選択色になるが、目地ハッチング部分が選択されない。

POINT

選択されない目地ハッチング部分はブロックです。選択範囲枠の外にブロックの基準点があるため、選択されません。2の操作で追加選択をします。

2 Shift キーを押したまま、ブロックの一部を⊕（連続線選択）。

POINT

Shift キーを押したまま⊕することで、⊕した線に連続する線やブロック、曲線などの複合要素を追加選択できます。

➡ **2**のブロックが追加選択される。

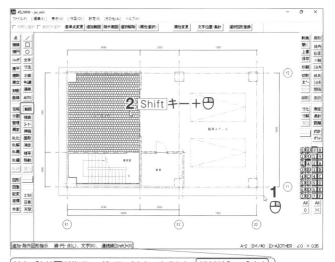

追加・除外図形指示　　線・円・点(L)、文字(R)、　連続線[Shift]+(R)

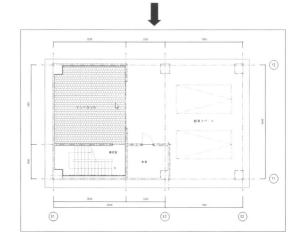

81 「全選択」しても 要素が選択・移動できない

「表示のみレイヤ」の要素は、作図ウィンドウでグレー表示され、編集できない要素であるため選択されません。「表示のみレイヤ」の要素ではないのに選択されない場合や、選択できるが移動できない場合は、その要素が作図されているレイヤが編集を禁止する「プロテクトレイヤ」（➡ p.92）になっている可能性があります。下記の方法でプロテクトレイヤを解除します。

対処： 選択・移動できない要素を属性取得してレイヤを確認し、プロテクトレイヤを解除する

1 「属取」（属性取得）コマンドを🖱。

2 選択・移動できない要素を🖱。

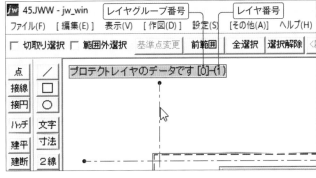

➡ プロテクトレイヤのデータです～ と表示され、書込レイヤに変化はない。

POINT

編集禁止のプロテクトレイヤを書込レイヤにすることはできないため、プロテクトレイヤのデータです～とメッセージが表示されます。その後ろの番号（右図では[0]—(1)）は、**2**で🖱した要素が作図されているレイヤグループ番号[0]とレイヤ番号(1)を示します。

3 [0]レイヤグループの「1」レイヤを、Ctrlキーを押したまま🖱。

➡ レイヤ番号に付いた印の「／」または「×」がなくなり、プロテクトレイヤが解除される。

POINT

レイヤ番号に「／」または「×」のどちらが付いていても、Ctrlキーを押したまま🖱することでプロテクトトレイヤが解除されます。

Ctrlキー＋🖱

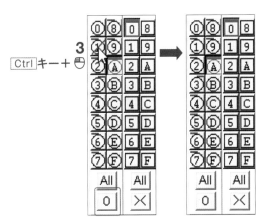

231

レイヤ変更されない要素がある

範囲選択で選択してから「属性変更」でレイヤ変更（→ p.148）を行ったのにレイヤ変更されない要素は、その要素が作図されているレイヤが編集を禁止するプロテクトレイヤ（→ p.92）になっているか、「元データのレイヤを優先する」設定のブロックになっている可能性があります。

（→ p.148）（→ p.92）

CHECK レイヤ変更されない要素を属性取得する

1　「属取」（属性取得）コマンドを🖱。

2　レイヤ変更されない要素を🖱。

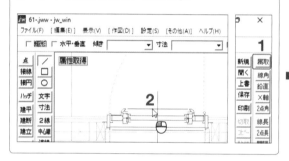

➡

プロテクトレイヤのデータです と表示される

p.231の対処を行い、プロテクトレイヤを解除します。

「選択されたブロックを編集します」ダイアログが表示される

「キャンセル」ボタンを🖱し以下の対処を行います。

対処：ブロックの「元データのレイヤを優先する」設定を無効にする

1　「範囲」（範囲選択）コマンドを🖱。

2　対象のブロックを🖱。

POINT
ブロックは、🖱で選択できます。

3　「BL属」（ブロック属性）コマンドを🖱。

POINT
3の代わりに、メニューバー［編集］－「ブロック属性」を🖱しても同じです。

　➡「ブロック属性」ダイアログが開く。

4　「元データのレイヤを優先する」のチェックを外す。

POINT
「元データのレイヤを優先する」にチェックが付いたブロックは、ブロック作成前のレイヤに固定され、レイヤを変更できません。

5　「OK」ボタンを🖱。

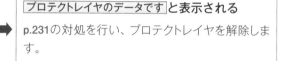
🖱したブロックが選択される

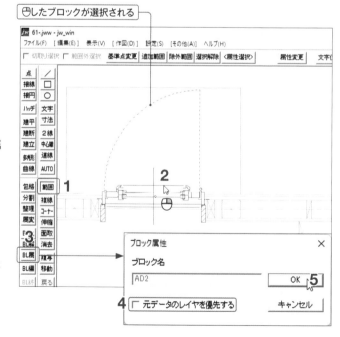

第9章 「こんなときはどうする？」困ったときの対処方法

83 文字の移動や書き換え時に 文字列が1文字単位になる

「文字」コマンドで文字を🖱️したときに1文字だけがマウスポインタに仮表示される場合、1文字が最小単位の1つの文字列になっています。この現象は、DXFファイルなどを開いたときにまれに起こります。文字の連結機能を使って、1行が1つの文字列として認識されるように連結しましょう。

対処：文字を連結する

文字列を確認するため、文字列の外形枠を画面に表示しましょう。

1 ステータスバーの「画面倍率」ボタンを🖱️。

2 「画面倍率・文字表示 設定」ダイアログの「【文字枠】を表示する」にチェックを付ける。

3 「設定OK」ボタンを🖱️。

POINT
表示される外形枠は印刷されません。

文字を連結しましょう。

4 「文字」コマンドを🖱️。

5 コントロールバー「連」ボタンを🖱️。

POINT
「文字」コマンドの「連」では、文字列を切断したり（➡ p.191）、連結したりできます。連結するときは、連結する文字列の連結する側（先頭または後尾）を🖱️し、次に連結する文字列を🖱️で指示します。

6 先頭の文字列の後尾（右側）を🖱️。

7 連結する文字列を🖱️。

➡ 右図の結果のように、**6**と**7**の文字列が連結され、1つの文字列になる。

8 同様にして、他の文字列も連結する。

POINT
1～3で行った設定は、Jw_cadを終了した後も有効です。文字列の連結を終えたら、再度「画面倍率・文字表示 設定」ダイアログを開き、「【文字枠】を表示する」のチェックを外しておきましょう。

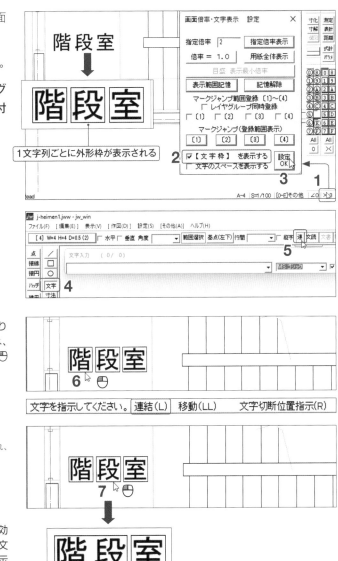

1文字列ごとに外形枠が表示される

文字を指示してください。 連結(L) 移動(LL) 文字切断位置指示(R)

2つの文字列が連結され1つの文字列になる

84 誤って上書き保存してしまった／ 図面ファイルが破損してしまった

Jw_cadで図面を上書き保存すると、上書きされる図面ファイルの拡張子を「BAK」に変えたファイルを同じフォルダに残します。これを「バックアップファイル」と呼びます。誤って上書き保存した場合や、図面ファイルが破損して開けない場合、その図面のバックアップファイルを開くことで前の状態の図面ファイルを取り戻すことができます。ここでは、図面「j－heimen2.jww」を誤って上書き保存してしまったことを想定して説明します。

第9章 「こんなときはどうする?」困ったときの対処方法

対処 : 上書き保存前の図面ファイルを取り戻す

はじめに、誤って上書き保存した図面の名前を、正しい名前に変更しましょう。

1 「開く」コマンドを🖱。

2 「ファイル選択」ダイアログで、誤って上書き保存した図面ファイルのファイル名部分を🖱。

3 「ファイル名変更」ボックスのファイル名部分(「.jww」の前)を変更する。

POINT
ファイル名を変更するとき、「. 」(ドット)とその後ろの3文字「JWW」を消去しないように注意してください。誤って消去した場合は、いったん「キャンセル」ボタンを🖱して中断し、再度2から操作してください。

4 「OK」ボタンを🖱。

　→ ファイル名が、3で変更した名前に変更される。

5 「ファイル選択」ダイアログを閉じる。

「j－heimen2.jww」のバックアップファイル「j－heimen2.BAK」を、「j－heimen2.jww」に変更しましょう。

6 メニューバー[ファイル]－「ファイル操作」－「ファイル名変更」を🖱。

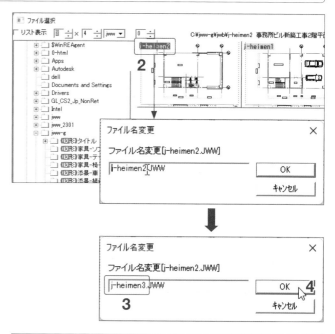

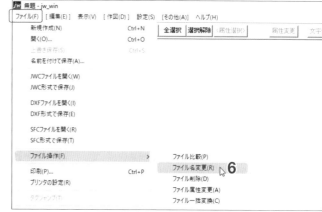

7 「ファイル選択」ダイアログの「ファイルの種類」ボックスの▼を🖱し、「bak-bk9」を🖱で選択する。

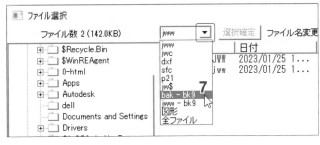

→ フォルダー内のバックアップファイルがリスト表示される。

8 内容を確認するため「j−heimen2.BAK」を🖱🖱。

9 確認ができたら、ウィンドウ右上端の「×」を🖱し、「ファイル参照」ウィンドウを閉じる。

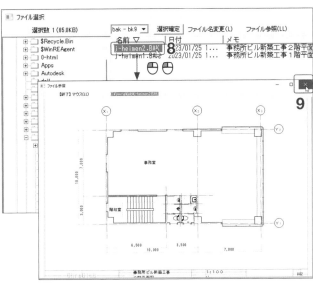

10 ファイル名変更対象の「j−heimen2.BAK」を🖱。

11 「選択確定」ボタンを🖱。

12 「ファイル名変更」ボックスの最後尾を🖱。

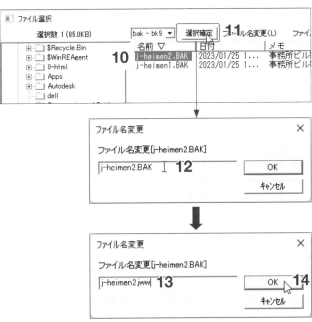

13 Backspace キーで「BAK」を消去し、「jww」を入力する。

14 「OK」ボタンを🖱。

15 「ファイル選択」ダイアログ右上端の×を🖱し、ファイル名の変更を終了する。

以上で完了です。
「開く」コマンドを選択し、「ファイル選択」ダイアログから、取り戻した「j-heimen2.jww」を開くことができます。

ファイル名の拡張子が変更されたため、バックアップファイルだけを表示するウィンドウに表示されなくなる

■2次元と3次元
「2次元」はX軸（横）とY軸（縦）の2つの軸がある次元を指します。X軸（横）とY軸（縦）に加えて高さを示すZ軸がある次元を「3次元」と呼びます。

■ASCII（アスキー）形式と
**　Binary（バイナリー）形式**
文字要素だけで構成され、文字の大きさやフォントの指定情報などもないファイルを「ASCII（アスキー）形式のテキストファイル」または「テキストファイル」と呼び、それ以外のファイルを「Binary（バイナリー）ファイル」と呼びます。ASCII形式は、アプリケーションやOSの違いにかかわらず、共通して利用できます。

■AutoCAD（オートキャド）
オートデスク社が開発する汎用の3次元CADソフトウェア。特定の設計分野に限らず、建築、土木、機械など広い分野で利用されています。

■Autodesk SXF Viewer
オートデスク社が無償提供するSXFビューワー。SXFファイル（SFCファイル・P21ファイル）を正確に表示し、印刷できます。
➡ https://www.autodesk.co.jp/products/
　 sxf-viewer

■DWG TrueView
オートデスク社が無償提供するDWGビューワー。DWGファイルおよびDXFファイルを、AutoCADで開いた場合と同じ状態で閲覧・印刷できます。
➡ https://www.autodesk.co.jp/viewers

■OLE
OLEは「Object Linking and Embedding」の略で、複数のWindows アプリケーション間で相互にデータの挿入やリンクをする技術の名称です。Microsoft Excelの表をMicrosoft Word文書に貼り付けられるのは、両者がOLE対応しているためです。

■PDFファイル
PDFは「Portable Document Format」の略で、アドビシステムズ社が開発した電子文書の標準フォーマットです。アドビシステムズ社が無償提供している閲覧ソフトAdobe Readerで開き、内容の確認と印刷が行えます。
➡ https://get.adobe.com/jp/reader/

■Susie Plug-in
画像ビューワー「Susie」（たけちん氏作）用の拡張プログラム。Jw_cadで、BMP以外の形式の画像を扱うには、その画像形式に対応したSusie Plug-inを必要とします。別書『Jw_cad8を仕事でフル活用するための88の方法』では、JPEG、TIFF、PNG、GIFなどに対応したWIC Susie Plug-inを組み込み、JPEG画像を挿入する方法を詳しく解説しています。

■実点と仮点
実点は印刷される点で、寸法端部に作図されるほか、指示位置に作図することもできます。
仮点は印刷されない点で、基本的に編集対象にはならず、縮尺変更の影響も受けません。

■図寸
Jw_cadでは、「実寸法」（縮尺により印刷される長さが変わる）に対し、縮尺により印刷される長さが変わらない寸法を「図寸（図面寸法）」と呼びます。文字サイズや寸法設定における各部分の長さ、間隔は図寸で指定・管理します。また、ハッチング線の間隔なども図寸で指定します。

■線記号

「線記号」とは、Jw_cadの「線記号変形」コマンド(➡ p.114)で作図した記号を指します。

■点マーカ

SXF図面(➡ p.62)における寸法線端部の矢印や実点などを「点マーカ」と呼びます。独自にサイズ情報を持ち、縮尺変更や図形の倍率変更指示では、基本的にその大きさは変更されません。

■特殊文字・埋め込み文字

「特殊文字」「埋め込み文字」は、いずれもJw_cad特有の文字表示の方法です。

特殊文字は、「m^u3」と入力すると、Jw_cadの図面上では「m³」に変換して表示するなどの機能です。埋め込み文字は、決められた半角の文字を図面上に記入しておくと、その文字が表す日付やファイル名などに変換して印刷する機能です。例えば「&J」と記入しておくと、その文字を印刷時の日付「令和〇年〇月〇日」に変換して印刷します。これらは、いずれもJw_cad独自のルールに従い変換しているため、これらが記入されている図面ファイルを他のCADで開いた場合には機能しません。

■バージョン

「バージョン」は、ソフトウェアに機能追加や改良、不具合の修正を施したとき、それ以前のものと区別するために付けられる番号で、数字が大きいほど新しいものであることを意味します。番号の後ろにアルファベットが付く場合、同じ番号であれば、アルファベット順が後であるほど新しいものとなります。

Jw_cadのバージョン確認 ➡ p.75

■倍精度と単精度

「倍精度」「単精度」は、いずれもCADデータの精度を示します。Jw_cad(Windows版)は、有効桁数15桁の倍精度を採用しています。Windows登場以前から使われていたDOS版JW_CADは、それよりも精度の低い、有効桁数8桁の単精度を採用しています。

■ランダム線・倍長線種

「ランダム線」および「倍長線種」は、Jw_cadの「線属性」ダイアログを開いた状態でキーボードの[1]〜[9]キーを押すことにより指示できる拡張線種です。

ランダム線は、手描きのような線です

倍長線種は、一点鎖線、二点鎖線、点線のピッチを大きくしたものです。

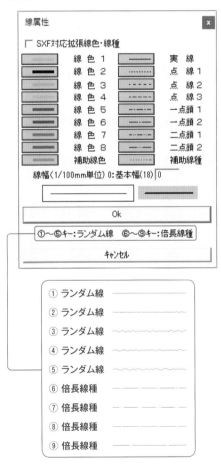

INDEX

送付先 FAX 番号 ▶ 03-3403-0582　メールアドレス ▶ info@xknowledge.co.jp
Web の問合せフォーム ▶ https://www.xknowledge.co.jp/contact/book/

FAX質問シート

1 から図面は描かないけれど Jw_cad を使う必要に迫られたときに役立つ本。

P.2の「本書をご購入・ご利用になる前に必ずお読みください」と以下を必ずお読みになり、ご了承いただいた場合のみご質問をお送りください。

● 「本書の手順通り操作したが記載されているような結果にならない」といった本書記事に直接関係のある質問のみご回答いたします。「このようなことがしたい」「このようなときはどうすればよいか」など特定のユーザー向けの操作方法や問題解決方法については受け付けておりません。

● 本質問シートで、FAX またはメール、Web の問合せフォームにてお送りいただいた質問のみ受け付けております。お電話による質問はお受けできません。

● 本質問シートはコピーしてお使いください。また、必要事項に記入漏れがある場合はご回答できない場合がございます。

● メールの場合は、書名と当質問シートの項目を必ずご入力のうえ、送信してください。

● ご質問の内容によってはご回答できない場合や日数を要する場合がございます。

● パソコンや OS そのもの、ご使用の機器や環境についての操作方法・トラブルなどの質問は受け付けておりません。

ふりがな

氏　名　　　　　　　　　　　　　　　年齢　　　　　歳　　　性別　　男　・　女

回答送付先（FAX またはメールのいずれかに○印を付け、FAX 番号またはメールアドレスをご記入ください）

FAX　・　メール

※送付先ははっきりとわかりやすくご記入ください。判読できない場合はご回答いたしかねます。電話による回答はいたしておりません。

ご質問の内容　　※ 例）203 ページの手順 5 までは操作できるが、手順 8 の結果が別紙画面のようになって解決しない。

【 本書　　　　　　ページ　〜　　　　　　ページ 】

ご使用の Jw_cad のバージョン　　※ 例）Jw_cad 8.25a （　　　　　　　　　　　　　　　　）

ご使用の OS のバージョン（以下の中から該当するものに○印を付けてください）

　　Windows 11　　　　10　　　　その他（　　　　　　　　　　　　　　　　　　　　　）

● 著者

Obra Club（オブラ クラブ）

設計業務におけるパソコンの有効利用をテーマとしたクラブ。
会員を対象にJw_cadに関するサポートや情報提供などを行っている。
http://www.obraclub.com/

《主な著書》
『はじめて学ぶJw_cad 8』『Jw_cadの「コレがしたい！」「アレができない！」をスッキリ解決する本』
『やさしく学ぶSketchUp』『やさしく学ぶJw_cad 8』『Jw_cad電気設備設計入門』『Jw_cad空調
給排水設備図面入門』『Jw_cadで神速に図面をかくための100のテクニック』『Jw_cad 8を仕事
でフル活用するための88の方法(メソッド)』『CADを使って機械や木工や製品の図面をかきたい人
のためのJw_cad 8製図入門』『建築だけじゃない！ だれでもかんたんに図がかける！ いますぐで
きる！ フリーソフトJw_cad 8』『Jw_cad 8逆引きハンドブック』『Jw_cad 8のトリセツ』
（いずれもエクスナレッジ刊）

イチ
1から図面は描かないけれど
Jw_cadを使う必要に迫られたときに役立つ本。

2023年 9月1日　初版第1刷発行

著　　者　　Obra Club

発行者　　　澤井 聖一

発行所　　　株式会社エクスナレッジ
　　　　　　〒106-0032　東京都港区六本木7-2-26
　　　　　　https://www.xknowledge.co.jp/

● 問合せ先

編　集　　　前ページのFAX質問シートを参照してください。

販　売　　　TEL 03-3403-1321／ FAX 03-3403-1829／ info@xknowledge.co.jp